Kompetenzorientierung im berufsbezogenen DaF-Unterricht in Taiwan

AF198851

BOOKS on DEMAND

臺灣職場能力導向—
德語為第二外語之教學課程

高雄文藻外語大學
德國語文系教師之論文集

編者：梅安德

Kompetenzorientierung im berufsbezogenen DaF-Unterricht in Taiwan

Gesammelte Beiträge von Dozent*innen der Deutschabteilung der Wenzao-Fremdsprachen-Universität, Kaohsiung

Herausgeber: André Sven Maertens

Bibliografische Information der Deutschen Nationalbibliothek: Die Deutsche Nationalbibliothek verzeichnet diese Publikation in der Deutschen Nationalbibliografie; detaillierte biblio-grafische Daten sind im Internet über http://dnb.dnb.de abrufbar.

Herstellung und Verlag: BoD – Books on Demand, Norderstedt
ISBN: 978-3-750482401

Inhaltsverzeichnis

Geleitwort

Dank der angenehmen und inspirierenden Zusammenarbeit der Kollegen wurden die Workshops zum Thema „Wirtschaftsdeutsch im DaF-Bereich" im Wintersemester 2018/2019 erfolgreich durchgeführt und anschließend ist das vorliegende Buch zu Stande gekommen.

Als Initiatorin der Workshops schätze ich unsere Zusammenarbeit um so sehr, da die Kollegen trotz der zunehmenden Verpflichtungen an der Universität dennoch regelmäßig an den Workshops teilnahmen. Erfreulicherweise verfügt Wenzao über so viele Lehrkräfte, die im berufsorientierten Unterricht auf eigene umfangreiche praktische Erfahrungen in der Wirtschaft zurückgreifen können.

Wir sind der Ansicht, dass berufsbezogener DaF-Unterricht die Perspektive, einen Ausbildungs- oder Arbeitsplatz zu finden, deutlich verbessert. Das macht eine entsprechende Ausrichtung des Sprachunterrichts so wichtig.

Diese Praxisnähe, das machen die Beiträge deutlich, ebnet den Weg zu einem kompetenzorientierten Unterricht. Da sich das Konzept praxisnaher Kompetenz durch alle Wirtschaftsthemen und Beiträge des Buches zieht, entsteht in dieser Gesamtheit ein Grundgerüst, das sich als Basis für ein Curriculum zum anwendungsorientierten DaF-Unterricht eignet. Ein solches Curriculum dient den Studenten und wird gleichzeitig den Anforderungen der Unternehmen gerecht.

Chen, Lina, April 2020

序

此書的出版必須感謝 107 學年度第一學期間參與文藻外語大學德文系「經濟暨商務課程社群」的老師們：在教學以及學校事務日漸加重的情況下都還能排除萬難全程參與。身為社群主持人， 著實與有榮焉。

以實務為導向的經濟暨商務課程有助於學生們更無縫接軌的迎接未來的職場。在此共識下，參與此社群的老師們，透過彼此經驗、心得分享，來探討如何精進系上的經濟暨商務課程。

陳麗娜
2020 年四月

Vorwort

Die Arbeitswelt ist derzeit einem enormen Wandel unterworfen und dieser birgt auch Konsequenzen für die berufsorientierte Fremdsprachenausbildung. Intensive Arbeitsteilung, Vernetzung und Technologisierung verändern die Geschäftswelt in einer Weise, dass Bildungseinrichtungen aller Stufen vor große Herausforderungen gestellt werden. In den letzten Jahrzehnten wurde ein weltumspannendes Produktionssystem geschaffen – ein Netzwerk von Handelsbeziehungen, das sich über nationale und sprachliche Grenzen hinweg erspannt. Und die Digitalisierung ermöglicht es uns, über ferne Regionen hinweg Produktions-, Transport- und Logistiksysteme genau aufeinander abzustimmen. Diese höchst spezialisierte Wirtschaftswelt basiert auf einem stark arbeitsteiligen Produktionssystem, bei dem jeder als Teamspieler genau über seine Aufgaben und Funktionen Bescheid wissen muss und stetiger Informationsfluss gewährleistet werden muss. Dieses System verlangt nach gut ausgebildeten Fachkräften mit internationaler Ausrichtung. Neben fachlichem Verständnis und guten Fremdsprachenkenntnissen werden von Berufseinsteigern aber verstärkt Kompetenzen verlangt, die über kommunikative Fertigkeiten hinausgehen. Was nutzen die besten Fremdsprachenkenntnisse, wenn man trotzdem nicht in der Lage ist, die fachlichen Vorgaben des geschäftlichen Gegenübers im Berufskontext einzuordnen und angemessen darauf zu reagieren? Das Berufsleben ist heutzutage stark kommunikations- und interaktionsorientiert und so wird der Entwicklung sozialer Kompetenzen eine wachsende Bedeutung beigemessen. Besonderer Fokus wird auch auf berufsübergreifende Kompetenzen gelegt, die mit bestimmten Handlungen und Situationen am zukünftigen Arbeitsplatz verbunden sein können. Während Wissen immer schneller veraltet, entstehen immer neue Berufsfelder mit völlig neuen Berufsprofilen. Von Absolventen wird nicht nur erwartet, dass sie souverän mit digitalen als auch analogen Medien umzugehen wissen, sondern auch über Problemlösungsfähigkeit, Flexibilität und Ausdauer verfügen. Neben Systemdenken gilt es also auch Kreativität zu stärken. Inhaltlich haben sich also die Anforderungen an Absolventen stark verändert.

Dieser Entwicklung muss an Bildungseinrichtungen Rechnung getragen werden. In Zukunft wird es unumgänglich sein, neue Herangehensweisen bei der Ausbildung zu entwickeln, um Abgänger auf die neue Situation vorzubereiten. Und dies klammert die Fremdsprachenausbildung nicht aus. Die neuen Ansprüche lassen sich kaum mit einem traditionellen fachsprachlichen Lehransatz erreichen, welcher auf Fachlexik und die Verwendung typischer Strukturen fokussiert. Dieses Buch beschäftigt sich deshalb mit der Frage, wie die berufliche Fremdsprachenausbildung zur beruflichen Kompetenzstärkung beitragen kann, um eben möglichst beides zu unterstützen, den Erwerb der fremdsprachlichen Fertigkeiten und das Trainieren fachlicher Kompetenzen.

Das Buch resultiert aus den anregenden Diskussionen unter den Kollegen, wie man die berufsorientierte Sprachausbildung verbessern könnte, um Studienabgänger besser auf die neue Arbeitswelt 4.0 vorzubereiten. Zwar sind die Beiträge im Kontext des deutschen Fremdsprachenerwerbs in Taiwan angesiedelt, dies schließt aber gewiss nicht aus, dass wichtige Erkenntnisse für andere Regionen mit ähnlich dynamischen Entwicklungen gewonnen werden können. Der Band richtet sich demnach an eine globale Leserschaft.

Armin Ibitz, April 2020

前言

職場世界目前正產生巨大的變化，這亦對職業導向的外語教育帶來影響。細部的分工、網路和技術正改變著商業世界，使各級教育機構皆面臨了重大的挑戰。近幾十年來，藉由科技的進步已建立了一個全球生產系統，即跨越國家和語言界限的貿易關係網絡。數位化使我們能夠精確地協調遠方地區的生產、運輸和物流系統。而這個高度專業化的商業世界是立基於高度勞力合作的生產系統上，因此在這個系統中，作為團隊成員的每個人皆必需清楚了解他們的任務和職能為何，並且必須確保資訊的穩定流動。該系統需要訓練有素的國際化專業人員，而除了專業能力和良好的外語知識外，新就職者亦越來越需要擁有交際與溝通的能力。因為若無法在專業環境中對商業夥伴的專業要求進行處理並作出適當的回應，那麼僅僅掌握外語能力將不足夠應付職場的考驗。今日的職場生活漸以溝通和互動為導向，因此越來越重視社會技能的發展，尤其特別強調在未來職場中受重視的跨專業能力，加上知識更新的速度越來越快，因而產生了需要新職業能力的新興職業領域。因此，職場對畢業生的要求已大為改變，畢業生不僅被期待要擁有處理數位和類比媒體的能力，還要有解決問題的能力、靈活性和毅力，且除了應擁有系統思維之外，更必須加強創造力。

綜上所述，教育機構必須思慮到此重要發展。在未來必須設計新的教學方法，讓學生為迎接新的職場態勢做好準備。在外語教學領域中，傳統的教學法已無法應付新職場能力所需。因此，本書旨在闡述職業導向的外語教育如何在教授外語能力的同時，亦強化學生的專業能力。

本書希冀能激發如何改進職業導向語言教學，以及如何更好地為畢業生適應 4.0 職場世界做準備的討論。雖然這些研究是在台灣德語教學的背景下進行，但其結果亦可為具有同樣發展的其他地區提供參考。是以，本書可供全球相關領域讀者參酌。

華明儀，2020 年四月

Zu diesem Buch

Dass es zum ersten Mal einen Band zum Thema „Wirtschaftsdeutsch im DaF-Bereich in Taiwan" gibt, freut mich sehr. Der vorliegende Sammelband spricht ein breites Themenspektrum an und soll von theoretischen Überlegungen hin zu praktischen Anwendungsmöglichkeiten führen. Ich hoffe, dass durch die gesammelten Beiträge eine Diskussion über Unterricht zu Wirtschaftssprache und beruflichen Kompetenzen angestoßen wird.

Für die Mitarbeit an diesem Band möchte ich mich zuerst sehr herzlich bei den Beitragenden bedanken. Außerdem danke ich Chen, Lina für die Organisation der „Faculty Learning Community" zu Wirtschaftsthemen im DaF-Unterricht, die in der Wenzao-Universität stattfand und durch die das vorliegende Buch angeregt wurde. Für die Übersetzung von Texten danke ich den Lehrerkolleg*innen Zhou, Xin, Christian Richter, Shieh, Pi-Er, Tseng, Chien-Kang und Agnieszka Surdyka, vor allem aber einmal mehr Su, Hsiao-Han. Ihr danke ich auch für die Produktion eines Werbe-Videos zu diesem Buch. Gao, Yu-Zhen und Cheng, Yung-Ling bin ich für Hilfe bei der Planung des Bandes, bei Layout- und Übersetzungsarbeit sowie bei der Vertriebsorganisation sehr dankbar. Holger Hähle gilt mein großer Dank für die Arbeit am Buchcover.

Zu den einzelnen Beiträgen:
Armin Ibitz geht in seinem Beitrag der Frage nach, wie man im fachsprachlichen DaF-Unterricht mit fiktiven Unternehmensgründungen benötigte Kompetenzen für die künftige Arbeitswelt stärken kann. Das angeführte Praxisbeispiel soll als Anregung zur Nachahmung dienen.
Holger Hähle betont in seinem Beitrag die Synergien einer gleichzeitigen sprachlichen und berufsbezogenen Schulung und

erklärt auf Grundlage eigener Berufserfahrung, wie praxisnah ein solcher Unterricht für Vertrieb und Marketing gestaltet werden kann.

Ingo Tamm beschäftigt sich in seinem Beitrag mit der Erstellung von Curricula zu wirtschaftsbezogenen Themen, insbesondere mit einem vor 15 Jahren konzipierten kompetenz- und handlungsorientierten Studienplan für den berufsbezogenen Deutschunterricht an der Wenzao-Fremdsprachenhochschule in Kaohsiung. Dabei werden neben einer kritischen Reflektion des Studienprogramms Alternativen aufgezeigt, um das am GER (Gemeinsamer europäischer Referenzrahmen) orientierte Curriculum im Sinne einer verstärkten Praxis- und Kompetenzorientierung kontinuierlich weiterentwickeln zu können.

Hsin-yi Hsueh befasst sich in ihrem Beitrag mit der Frage, wie sich Industrie 4.0 auf die Hochschulbildung auswirkt. Im Besonderen widmet sie sich den veränderten Anforderungen bei Hochschulabgänger*innen. Der Fokus ihrer Arbeit liegt dabei auf den Entwicklungen in Taiwan.

Tseng, Wei-Lin schildert in ihrem Artikel auf Basis ihrer Erfahrungen im internationalen Handel, warum bei einem fremdsprachlichen Unterricht in Handelskorrespondenz unbedingt auch Grundkenntnisse über den Außenhandel, insbesondere über Liefer- und Zahlungsbedingungen, vermittelt werden sollten.

Viel Vergnügen beim Lesen dieses Sammelbands wünscht André Sven Maertens (Wenzao-Universität, Kaohsiung, Taiwan)

Hinweis: Bei jedem Beitrag findet sich ein Abstract in Deutsch und Chinesisch.

關於本書

很高興首次以經濟德語融合以德語為第二外語的領域為主題，創作本書，並希望能因此開啟將課程融入經濟用語及專業技能的討論。

首先，我要由衷地感謝本書的所有參與者，並對文藻外語大學教師專業成長社群的召集人陳麗娜老師致上謝意，此社群將經濟主題融入德語課程，並促發了此書的出版。譯文的部分要感謝周欣、李克揚、謝碧娥、曾建綱以及蘇安婕等老師的參與，也特別感謝蘇筱涵同學再次協助，並為此書製作宣傳影片。同樣感謝高譽真及鄭詠齡同學再次協助本書的設計、版面編排、翻譯以及行銷管理。也尤其感謝何浩哲老師製作本書封面。

摘要

華明儀老師在研究中探討了如何在專業德語教學中透過虛擬的新創企業所需的技能(情境模擬)，加強學生在未來職場世界所需的能力。其所引用的實境例子，旨在刺激學生藉由模仿而得到學習成效。

何浩哲老師在本文中強調德語教學應融入與職場相關知識的訓練，並基於個人在職場上多年的工作經驗，進一步的論述如何將市場行銷與銷售學帶入課堂。

唐英格老師在他的文章中整理出開設與商業主題相關的課程，尤其著重於說明文藻外語大學在15年前即開始為德語系學生設計以職業引導的能力及行動導向的教學課程。在對學習計劃的批判反思的同時，進而發展出替代方案，以期強化實踐與能力取向的GER(歐洲語言學習的共同參考框架)導向的課程規劃能持續性的發展。

薛欣怡老師的論文探究工業4.0如何影響高等教育的問題，特別關注於職場對大學畢業生技能需求的改變。此篇研究論文主要聚焦在台灣的發展。

曾薇琳老師以自身的外貿職場經驗為基礎，闡明在外語教育的商務課程規劃中，納入國際貿易的基礎知識，尤其是出貨及付款條件的必要性。

希望您能享受閱讀此書的樂趣

梅安德
(文藻外語大學，高雄，台灣)

註:每篇論文皆附有德文與中文摘要。

Kompetenzstärkung im berufsorientierten Deutschunterricht durch simulierte Unternehmensgründungen

Armin Ibitz

Abstract

In einer Welt, in der rasante Veränderung die Norm darstellt, bedarf es eines grundsätzlichen Umdenkens im Bereich der Bildung. Globalisierung und fortwährende Technologisierung aller Lebensbereiche erschweren Prognosen, wie unsere Welt in den nächsten 20 Jahren aussehen könnte. Diese Umbrüche verändern nicht nur das sozioökonomische Gefüge, sondern auch die Realitäten der Arbeitswelt. Ein Umstand, dem auch in der berufsorientierten Fremdsprachenausbildung Rechnung getragen werden muss. Zwar ist nicht mit Bestimmtheit vorhersehbar, welches Wissen Studienabgänger auf ihren Berufswegen exakt benötigen werden, aber es lässt sich ein Trend hin zur Kompetenzorientierung erkennen. In einer beschleunigten Welt verliert Faktenwissen rasch an Bedeutung, während die Fähigkeit sein Wissen kontinuierlich zu aktualisieren und sich an neue Gegebenheiten flexibel anpassen zu können an Bedeutung gewinnt. Neben fachlichem Grundwissen werden Kernkompetenzen wie Problemlösungskompetenz, Analysefähigkeit, Systemdenken und kritisches Denken in den Vordergrund rücken. In einer digitalen Arbeitswelt sind darüber hinaus Medien- und Recherchekompetenzen sowie Filter- und Sortierkompetenzen mehr denn je von Bedeutung.

Dieser Beitrag widmet sich der Frage, wie man Zukunftskompetenzen im berufsorientierten Fremdsprachenunterricht in Taiwan integrieren kann, um Studierende in optimaler Weise auf ihre berufliche Zukunft vorzubereiten. Dazu wird eine konkrete Unterrichtsumsetzung zum Thema simulierte Unternehmens-gründungen vorgestellt.

Keywords: berufsorientierter Deutschunterricht, Deutsch als Fremdsprache (DaF), Integriertes Lernen von Inhalten und Sprache (CLIL), Kompetenzorientierung, Unternehmensgrün-dung, Taiwan

藉由模擬企業強化德語職業課程之專業能力

摘要

在這個迅速變遷已成為常態的世界裡，需要從根本去重新思考教育。全球化和所有生活領域持續地科技化使得人們對世界在未來 20 年的發展更加難以預測。這些變化不僅改變社會經濟的結構，也改變了工作環境的現狀，故以就業為導向的外語教育亦必須考量到此等情況。雖然無法確切預測畢業生將於職場中需要哪些知識，但可以肯定的是能力導向教學已成為趨勢。在瞬息萬變的世界中，既有知識正迅速失去其重要性，不斷更新知識與靈活適應新環境的能力則越發重要，除了專業的基礎知識之外，核心能力的培養，如問題解決能力、分析能力、系統思考及批判性思維皆應受到重視。而在數位化的工作環境中，媒體素養、研究技能以及篩選和分類能力都比以往更加重要。
本研究致力於探討如何在台灣將職業導向之外語課程與未來所需技能進行結合，以利學生對未來職場做好最佳準備。為此，將於本研究中提出關於模擬企業主題的具體教學實施模式。
關鍵詞：德語職業課程、德語學習(DaF)、語言與學科內容整合式教學、能力導向、企業創立、台灣

1 Hintergrund

Die Digitalisierung der Gesellschaft und die globale Vernetzung haben ungeahnte Möglichkeiten eröffnet. Aber als Folge der rasanten Entwicklungen tun sich gesellschaftliche, politische und sozioökonomische Gräben auf, die den Anschein erwecken, als wolle sich die Welt gerade neu erfinden. Auch wenn sich die Konturen des enormen Umbruchs nur schemenhaft und fragmentarisch zu erkennen geben, zeichnet sich immer mehr ab, in welch dramatischer Zeitenwende wir uns gerade befinden. In immer kürzeren Abständen werden in verschiedenen wissenschaftlichen Disziplinen außerordentliche Durchbrüche und bedeutende Erkenntnisgewinne vermeldet (z.B. Quantenphysik, Biotechnologie, Neurowissenschaften, Astrophysik, Materialwissenschaften). Die Entwicklungen schreiten so rasch voran, dass viele Neuentdeckungen noch ihre praktische Anwendbarkeit suchen, auch bestehende Systeme und Organisationsstrukturen in Frage stellen.

Die Wirtschaft dient als anschauliches Beispiel: Spätestens nach der Wirtschaftskrise von 2008 scheint selbst den hartnäckigsten Verfechtern des Kapitalismus bewusst geworden zu sein, dass das aktuelle System anfällig für Systemkrisen ist. Hinzu kommt, dass neue Marktteilnehmer durch innovative Geschäftsmodelle die traditionellen Märkte immer stärker unter Druck setzen. Neue Märkte entstehen, alte brechen ein. Neue Jobs entstehen, alte verschwinden. In einem so dynamischen Umfeld wird auch Wissen, das jahrzehntelang als gesichert galt, sehr rasch obsolet. Die durchdringende Technologisierung der Welt verändert unser Leben rasant. Die zahlreichen neuen technischen Geräte und Gadgets (Smart-TVs, Tablets, Smart Home, Internet der Dinge, Smartphone, etc.), die in unser Leben getreten sind, haben nicht nur unseren Alltag verändert, unsere Kommunikationsstruktur gewandelt, unsere soziale Interaktion beschleunigt und verflacht (soziale Netzwerke), sondern auch den Zugang zu Wissen und Informationen enorm vereinfacht (Internet und Suchmaschinen). Das Smartphone hat gerade sein zehnjähriges Bestehen hinter sich und eine Prognose für die technische Entwicklung der kommenden zehn Jahre würden sich selbst Experten nur unter Vorbehalt zutrauen. Viele traditionelle Märkte (wie Musik, Film, Kino, Tourismus,...) werden derzeit von neuen Marktteilnehmern mit neuen innovativen Geschäftsmodellen völlig umgekrempelt. Die entstehende Plattformökonomie á la Uber, Airbnb, Netflix und Co. basiert auf einer digitalen und vernetzten Gesellschaft und zwingt Marktteilnehmer zum Umdenken (Kenney & Zysman, 2016). Unternehmen, die den Anschluss verlieren oder sich der Digitalisierung entsagen ohne ihre Nische gefunden zu haben, haben unsichere Zeiten vor sich. Im Grunde sind diese Vorgänge nichts neues, aber sie passieren mit bislang unbekannter Geschwindigkeit. Veränderungen und Erneuerungen waren schon immer fixer Bestandteil menschlicher Geschichte und auch wirtschaftlicher Entwicklung. Nun stellt sich aber die Frage, wie kommende Generationen vernünftig ausgebildet werden können, wenn wir selbst nicht wissen, wie diese Zukunft auch nur annähernd aussehen wird (Ahrens & Spöttl, 2015; Drahokoupil & Fabo, 2016). Und angesichts der Geschwindigkeit, mit der heute Innovationen stattfinden, wird diese Frage immer wichtiger. Konnte man sich in den letzten Jahrzehnten einigermaßen augenscheinlich die nahe Zukunft vorstellen, muss man sich heutzutage bedeutend bescheidener geben. Wie sieht also eine Ausbildung für die Zukunft aus, wenn wir nicht wissen, wie unsere Welt in fünfzehn Jahren gestaltet sein wird? Auf jeden Fall werden aber Kompetenzen und Fähigkeiten an Bedeutung gewinnen, während Faktenwissen in den Hintergrund tritt.

Dieser Beitrag widmet sich der Frage, wie Kompetenzen in den berufsorientierten Fremdsprachenunterricht integriert werden können, um Studierende in geeigneter Weise auf eine Zukunft vorzubereiten, die von Technologisierung, Automatisierung und Unsicherheit geprägt ist. Anhand einer aufgabenorientierten Projektumsetzung zu Unternehmensgründungen wird gezeigt, welche Möglichkeiten bestehen, zukünftige Kernkompetenzen im DaF-Unterricht zu fördern und so besser auf veränderte Arbeitswelten vorzubereiten.

2 Veränderte Anforderungen an Studienabgänger in Taiwan

Die Wirtschaft von Taiwan hat in den letzten Jahrzehnten enorme Veränderungen erfahren. Als ehemaliges Exportland von Agrarprodukten in den 1960er Jahren, hat sich Taiwan in den 1980er und 1990er Jahren in nur sehr kurzer Zeit industrialisiert. Auch wenn ein Teil der Industrien bereits wieder ins Ausland weitergewandert ist, konnte Taiwan seine Position im Bereich der Hochtechnologie gut behaupten. Wie in anderen hoch entwickelten Ländern nimmt der Anteil des Dienstleistungsbereiches an der gesamten Wirtschaftsleistung auch in Taiwan stetig zu. Das Land zählt zu den am besten an den internationalen Handel angebundenen Ländern (Rang 11) und ist somit auch den Trends am internationalen Markt unmittelbar ausgesetzt (WEF, 2018a). Das Land ist zu einem der bedeutendsten Zulieferer der globalen Elektronikindustrie aufgestiegen und kaum eine große Elektronikmarke kann auf Komponenten aus Taiwan verzichten. Der kleine Inselstaat mischt aber auch in anderen Segmenten am globalen Weltmarkt mit. So konnte sich Taiwan als qualitativ hochwertiger Hersteller von Maschinen und Anlagen zu konkurrenzfähigen Preisen einen Namen machen. Das Land zeigt sowohl starke Ambitionen bei der Entwicklung von Robotern (Industrie 4.0) und autonom fahrenden Vehikeln (AEV) als auch im Bereich Internet der Dinge (IoT), Smart Cities und Künstliche Intelligenz. Dies geschieht auch auf der Tatsache, dass sich

Taiwan aufgrund seiner Kostenstruktur gegenüber der Konkurrenz nur durch Innovation, Kreativität und Wettbewerbsfähigkeit durchsetzen wird können. Die nationale Wirtschaftspolitik ist darauf bedacht, die Spitzenposition gegenüber den aufstrebenden Märkten zu halten bzw. weiter auszubauen. Es wird von der Transformation in ein asiatisches Silicon Valley, also einem regionalen Hub, in dem eine dynamische Gründerszene existiert, gesprochen (NDC, 2016). Die Regierung bemüht sich, substantielle Hindernisse zu überwinden, aber schon bald sollen Start-ups aus Taiwan neue ökonomische Akzente setzen. Die Anstrengungen zur Entwicklung in ein Digitaiwan schließen auch den Bildungssektor mit ein. Schulen und Universitäten sind die Ausbildungsstätten zukünftiger Manager, Politiker, Wissenschaftler und Forscher. Allerdings stellt die Dynamik der raschen wirtschaftlichen Entwicklung den behäbig agierenden und äußerst konservativ ausgerichteten Bildungssektor Taiwans vor immense Herausforderungen. Dass der Bildungssektor den Erwartungen weit hinterherhinkt zeigen die Zahlen der offenen Stellen bei Fachkräften. In Taiwan werden händeringend Fachkräfte für MINT-nahe Berufe gesucht. Im Jahr 2017 konnten über 230.000 Stellen in der Industrie nicht besetzt werden, weil es an ausgebildeten Fachkräften fehlte (Focus Taiwan, 2018). Damit liegt Taiwan – was Arbeitskräftemangel angeht – global gesehen an dritter Stelle, hinter Japan und Rumänien (Manpower, 2018). Es sind immense Diskrepanzen zwischen dem Ausbildungsbereich und dem Wirtschaftssektor zu beobachten.

Für eine mittelgroße Fremdsprachenuniversität wäre es natürlich vermessen anzunehmen, diese Entwicklung aufhalten zu können. Aber jedenfalls kann ein Beitrag zur Besserung unternommen werden. Unter der Annahme, dass die Absolventen später im Berufsleben eine wichtige Brückenfunktion in Unternehmen einnehmen werden, sollten sie zumindest optimal darauf vorbereitet werden, sowohl sprachlich als auch fachlich. In fachlicher Hinsicht bedeutet das, dass sie bei Studienabschluss sowohl über aktuelle Trends der globalen Wirtschaft als auch über wichtige neue technische Entwicklungen informiert sind. Darüber hinaus sollten sie die erforderlichen Kernkompetenzen aufweisen, damit sie den Berufsanforderungen gerecht werden. Im Gegensatz zu den vielen Spezialisten aus den technischen Universitäten kommt unseren Absolventen vor allem die Aufgabe zu, Kommunikationsbrücken zwischen verschiedenen Akteuren zu schaffen. Und das kann nur gelingen, wenn sie über aktuelle Geschehnisse gut informiert sind und befähigt werden, sich an neue Gegebenheiten anzupassen und sich selbständig weiterzubilden.

Absolventenbefragungen zeigen, dass rund 22% unserer Abgänger Beschäftigung im Bereich Außenhandel finden, gefolgt von 15% im Bereich Fremdsprachenausbildung. Etwa 8% der Abgänger arbeiten in der Gastronomie, 6% sind Büroangestellte und knapp 4,4% sind im Bereich Kundendienst beschäftigt. Jeweils gut 2% arbeiten in den Bereichen Kunst/Kultur, Finanz/Versicherung, IT und Marketing. Dem Wunsch mancher Absolventen eine sichere und gut bezahlte Beamtenposition zu erreichen, steht die sozioökonomische Realität Taiwans gegenüber. Die Staatsexamen ziehen jährlich tausende Prüflinge an. Aber immerhin rund 2,8% unserer Abgänger können dennoch den Traum einer Verbeamtung realisieren. Lediglich 0,62% sind im Bereich Übersetzung tätig. Übrig bleiben diverse Stellen bei kleineren und mittleren Unternehmen. Diese Stellen sind zwar zahlreich, werden aber leider nicht sehr gut vergütet. Und dazu fallen immer mehr Jobs der Automatisierung und dem verstärkten Einsatz von Robotern und autonomen Systemen zum Opfer. Im Allgemeinen zeigen die Zahlen, dass der Großteil unserer Abgänger nach Studienabschluss die erlernte Fremdsprache

Deutsch nicht einsetzen wird. Daraus zu schließen, dass ein Deutschstudium in Taiwan sinnlos sei, wäre aber falsch. Denn eine Fremdsprache bedeutet neben dem Zugang zu anderen Informationsquellen auch die Möglichkeit, neue Kompetenzen zu erlernen. Daher ist auf eine umfassende Kompetenzentwicklung während des Studiums zu achten. Auch wenn die wenigsten Abgänger unserer Abteilung in der Zukunft Deutsch für ihren beruflichen Alltag benötigen, kann der DaF-Unterricht in Taiwan dennoch einen essentiellen Beitrag zur Ausbildung kompetenter Arbeitskräfte leisten.

Setzt man die Sprachkenntnisse von Abgängern (hier: Deutsch) der aggregierten Kompetenzausstattung gegenüber, lassen sich vier Quadranten erkennen, die unterschiedliche Chancen auf Vermittlung am Arbeitsmarkt repräsentieren (siehe Diagramm 1). Sind sowohl sprachliche als auch berufliche Kompetenzen beschränkt, wirkt sich das negativ auf die Chancen auf dem Arbeitsmarkt aus (schwer vermittelbar). Aufgrund der begrenzt verfügbaren Stellen für Spezialisten im DaF- und Germanistik-bereich in Taiwan wird es Einschränkungen für Absolventen mit hervorragenden Sprachkenntnissen aber geringen Berufskompe-tenzen geben (limitiert einsetzbar). Bessere Beschäftigungs-chancen haben Abgänger mit geringeren Sprachkenntnissen aber starker beruflicher Kompetenzausprägung, denn sie sind viel-seitig einsetzbar. Das Hauptziel der fremdsprachlichen Ausbil-dung sollte demnach sowohl eine gute Sprachausbildung als auch intensive Kompetenzentwicklung sein, denn diese Abgänger sind am besten aufgestellt und werden auch in der Zukunft sehr gute Beschäftigungsmöglichkeiten vorfinden.

Diagramm 1: Beschäftigungschancen nach Sprachkenntnissen und Kompetenzausstattung.

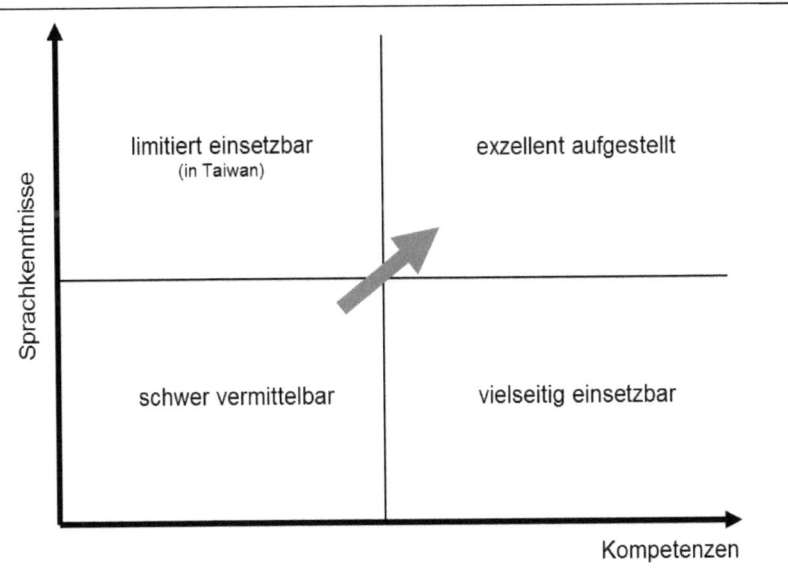

Quelle: eigene Darstellung

2.1 Von Wissenszentrierung zu Kompetenzorientierung

In einer Welt, in der rasante Veränderung die Norm darstellt, bedarf es eines grundsätzlichen Umdenkens im Bildungsbereich. Dass wir kaum vorhersehen können, wie unsere Welt in 20 Jahren aussehen wird und welche Technologien Einzug in unser Leben halten werden, schafft neue Realitäten für die Ausbildung zukünftiger Arbeitskräfte (Achatz & Tippelt, 2001; Botthof & Hartmann, 2015; Arnold et al., 2016). Es ist durchaus denkbar, dass Faktenwissen, welches Studierende im Laufe ihres Studiums angesammelt haben, bei Studienabschluss bereits irrelevant ist.

Im Gegensatz dazu behalten erworbene Kompetenzen ihren Wert. Aufgrund der rasant abnehmenden Halbwertszeit von Wissen dürfte die Aneignung von Faktenwissen in den Hintergrund treten, während Kompetenzen (wie etwa Informationssuche, -kategorisierung, -filterung und -verifizierung) an Bedeutung gewinnen werden (Dietzen, 2015; Hoberg et al, 2017; Müller, 2018). Somit sollte der Entwicklung von Kernkompetenzen auch größere Aufmerksamkeit zuteilwerden.

Tabelle 1: Übersicht wichtiger zukünftiger beruflicher Kompetenzen (Auszug).

Komplexe Problemlösungskompetenz	Kritisches Denken
Kreativität	Personalmanagement
Koordination mit anderen Personen	Serviceorientierung
Emotionale Intelligenz	Kognitive Flexibilität
Beurteilung und Entscheidungsfindung	Anpassungsfähigkeit
Verhandlungsfähigkeit	Kompetenz zur virtuellen Zusammenarbeit
Soziale Intelligenz	Initiative und Unternehmertum
Neue Medienkompetenz	

Quelle: WEF, Future of Jobs, 2018b

Auch wenn es nicht möglich ist, mit Sicherheit sagen zu können, welches Wissen und welche Fähigkeiten benötigt werden, die Zukunft wird von Lebenslangem Lernen und Kompetenzorientierung geprägt sein. Und zu den wichtigsten Kern-kompetenzen der Zukunft zählen unter anderen Problemlösungs-kompetenz, Kreativität, Kritisches Denken sowie Systemdenken (WEF, 2018b). Aber auch kognitive Flexibilität, Anpassungs-fähigkeit und Entscheidungsfindung werden gefragt sein. Außer-dem werden soziale Kompetenzen, emotionale und soziale Intelligenz, Verhandlungsfähigkeit sowie Teamfähigkeit und Kommunikationsfähigkeit wichtiger werden. Darüber hinaus wird natürlich auch Medienkompetenz nachgefragt werden (siehe Tabelle 1). Wie unschwer zu erkennen ist, handelt es sich vor allem um Fertigkeiten, bei denen Menschen Maschinen und künstlichen Intelligenzen etwas entgegenhalten können.

Große Unternehmen und internationale Konzerne verspüren den Druck zu Veränderungen zuerst und versuchen bereits, sich auf diese neue Situation einzustellen, indem sie Fortbildungen zur Stärkung der Kompetenzen ihres Personals anbieten. Aber auf lange Zeit gesehen, werden auch die kleineren und mittleren Unternehmen innovativere Ansätze für die Förderung der Kompetenzen ihrer Beschäftigten suchen müssen. Aber auch die Lernsysteme in der Ausbildung werden verändert und angepasst werden müssen. An den Universitäten spiegelt sich diese Entwicklung teilweise bereits in neuen Studiengängen wider, z.B. Digital Pioneering, Digitale Philologie, Digital Engineering, Digitale Betriebswirtschaft oder Entrepreneurship in digitalen Technologien.[1] Da dieser Trend alle Bereiche betrifft, wird es auch in der Fremdsprachenausbildung notwendig sein, neue Akzente zu setzen.

---

[1] Siehe: https://www.study-in.de/de/ oder auch http://studienwahl.at/.

2.2 Implikationen für die Gestaltung eines berufsorientierten DaF-Unterrichts

Die Entwicklung der Kompetenz setzt auf einem Wissensbegriff im weiteren Sinne an, also wenn Lernende Informationen bewusst wahrnehmen, bewerten und mit subjektiven Erfahrungen in Verbindung bringen. Demnach spielen eigene Erfahrungen, Emotionen und Motivation eine wichtige Rolle. Da Kompetenzen nicht gelehrt, sondern nur durch Selbsterfahrung in realen oder realitätsnahen simulierten Kontexten entwickelt werden können, muss Unterricht so gestaltet sein, dass Raum für eigenständiges Lernen geschaffen wird. Der Kursleiter steht dem Lernprozess beratend und unterstützend zur Seite, verzichtet aber auf umfassende Instruktionen. Um die intrinsische Motivation anzusprechen, sollte Unterricht auf aufgabenorientierten Projekten basieren. Dabei rückt das Eigeninteresse der Lernenden in den Mittelpunkt und deshalb sollte authentisches Material eingesetzt werden.

Integriertes Lernen von Inhalten und Sprache (CLIL) bietet einen kompetenzbasierten Lehransatz, durch den sowohl fachliche als auch sprachliche Handlungsfähigkeiten entwickelt werden.[2] Das Konzept ist im europäischen Lernkontext bereits gut verankert (Europäische Union, 2018; European Commission, 2010; Coyle, 2008). CLIL steigert die Motivation, weil inhaltliche Themen in einer Fremdsprache erschlossen werden (Coyle et al., 2010). So wird Sprache zum Werkzeug, um Inhalte zu verstehen und sie sinnstiftend zu bearbeiten. Ziel des Ansatzes ist es, Lernende in die Lage zu versetzen, ihre Zielsprache zu verbessern und dabei auch die Entwicklung von sozialen Fähigkeiten, kultureller

---

[2] CLIL leitet sich aus englischen Begriff von „Content and Language Integrated Learning" ab.

Sensibilität aber auch Kommunikations- und Sprachfähigkeit zu fördern (Coyle, 2008; Dalton-Puffer et al., 2010). Das beinhaltet nicht nur das Verständnis der Kommunikationskonventionen eines bestimmten Fachgebiets in der Zielsprache, sondern auch Sensibilität für eine angemessene Sprachverwendung im privaten bzw. beruflichen Umfeld (de Zarobe & Lasagabaster, 2010). Ein großer Vorteil besteht darin, dass Sprache und Inhalte in einer dualen Unterrichtssituation gemeinsam gefördert werden (Frigols & Marsh, 2007; Dalton-Puffer, 2008). Einen allgemeinen Überblick über das Konzept CLIL bietet Tabelle 2.

CLIL-Kurse sind so konzipiert, dass der Fokus auf eigenständigem und experimentellem Lernen liegt, damit die Neugierde der Teilnehmer am Thema geweckt wird. CLIL basierte Kurse umfassen alle vier Sprachfertigkeiten, jedoch wird auf systematische Sprachvermittlung (z. B. Grammatiktabellen) verzichtet, denn der erfolgreichen Sprachhandlung (Aufgabenerfüllung) wird gegenüber korrekter Sprachanwendung höhere Priorität eingeräumt. Die Fremdsprache wird zum Unterrichtswerkzeug der Aufgabenerfüllung. Die Kursteilnehmer müssen miteinander kommunizieren, um die Aufgabe gemeinsam zu lösen, was wiederum kommunikative und soziale Aspekte mit einbezieht. Die pragmatische Lösung einer bestimmten Sprachhandlung steht im Vordergrund, sprachliche Perfektion und Genauigkeit sind zweitrangig. Der Wortschatz wird üblicherweise über so genannte *chunks* (Blöcke) aufgebaut und erfolgt nicht über Vokabellisten. Er wird spielerisch und intuitiv über die Bearbeitung des spezifischen Themas vermittelt und eingeübt. Um einen möglichst natürlichen Gebrauch der Sprache zu ermöglichen, wird bei CLIL auf reale Lernkontexte geachtet.

Tabelle 2: Über den Lernansatz CLIL.

Vorteile:	Nachteile:
Themenorientierter Unterricht Erhöhte Lernmotivation	Sprache wird nicht systematisch behandelt Lernende erfassen Sprache langsamer
Entwicklung aller vier Fertigkeiten Stärkere Exposition gegenüber Zielsprache	Keine Wissensabfrage bei Prüfungen Institutionelle Barrieren
Studienfach wird aus verschiedenen Perspektiven kennengelernt	Gute Zusammenarbeit zwischen Lehrkräften erforderlich
Fokus auf experimentellem Lernen: spielerisch und natürlich	Unsicherheitsgefühl bei Sprachlehrenden wegen fächerübergreifendem Unterricht
Erlernen der Fremdsprache wie Muttersprachler Diversifizierung von Methoden und Praktiken Fokus mehr auf Thema, weniger auf sprachliche Perfektion	

Quelle: eigene Zusammenstellung

Der Aufbau eines bedeutungsorientierten Anwendungskontexts zielt auf die intrinsische Motivation des Spracherwerbs ab (Coyle et al, 2010). Durch diese Anknüpfung an die reale Welt sollen

Lerner ermutigt werden, eigene Ideen, Emotionen und Bewusstsein für das Thema zu entwickeln und auch auszudrücken. Lernende entwickeln so die Fähigkeit, Informationen des behandelten Sachgebietes zu verarbeiten und kritisch zu bewerten (Llinares & Whittaker, 2010; Dalton-Puffer, 2011). Basierend auf der Aufgabenstellung muss der Themenbereich aus verschiedenen Perspektiven betrachtet werden und so unterstützt der interdisziplinäre Ansatz die Entwicklung der Fähigkeit, Wissen anzuwenden und auf andere Gebiete zu transferieren. Somit werden essentielle Konzepte, Strategien und Fertigkeiten trainiert, die sich auf andere Disziplinen übertragen lassen (Lesestrategien, Ursache-Wirkung, etc.). Also handelt es sich hierbei nicht um die reine Aneignung von isoliertem Wissen, sondern es geht vielmehr um den Aufbau von vernetztem und anschlussfähigem Fachwissen, denn das Hauptziel von CLIL ist eine zeitgleiche Entwicklung von Fach- und Sprachkompetenz (Vollmer, 2010). Einen allgemeinen Überblick über das Konzept CLIL bietet Tabelle 2.

2.3 Didaktische Gestaltung und Lehrmaterialien

Aus didaktischer Perspektive benötigt CLIL keine spezifisch ausgerichteten Methoden, sondern greift auf bestehende didaktische Instrumente zurück (Mehisto et al, 2008; Coyle et al., 2010). Dazu gehören unter anderen aufgabenorientierte Projektarbeiten, Rollenspiele, Präsentationen, die Gestaltung von Ausstellungen, das Erstellen von Blogs, Exkursionen und das manuelle Gestalten von Werken. CLIL beinhaltet praktikable Werkzeuge und Methoden, um die beruflichen Kompetenzen von Lernenden zu stärken (z.B. experimentelles Lernen, Exkursionen, kritisches Denken, systemtheoretische Modellbildungen, etc.). Die aufgabenorientierte Gestaltung von CLIL-Kursen kommt der Partizipation der Kursteilnehmer zugute. In einem CLIL basierten Kurs wird

Sprache langsam selbst entdeckt und in eigenständige Verwendung übernommen, aber in natürlicher Art und Weise. Dass die Sprache nicht systematisch mittels isolierten Wortschatz- oder Grammatikarbeitsblättern behandelt, sondern kontextuell in Sprachbrocken vermittelt wird, könnte einigen Kursleitern mehr oder weniger große Verhaltensänderungen abverlangen.

Wenn Deutschabsolventen in die Arbeitswelt entlassen werden, muss sichergestellt sein, dass diese nicht nur über ausreichend fremdsprachliche Fertigkeiten verfügen, sondern auch in der Lage sind, über globale Trends mitdiskutieren und ihre Meinung äußern zu können. Erfolgreicher berufsorientierter Deutschunterricht sollte also versuchen, berufliche Kompetenzen zu stärken und Deutschlernende in die Lage versetzen, sprachliche Handlungsfähigkeit zu trainieren. Teilnehmer sollten bei Kursende über aktuelle Trends der globalen Wirtschaft informiert sein und auch die Auswirkungen auf das Heimatland wahrnehmen. Das bedeutet, Absolventen müssen in der Lage sein, Informationen suchen, sortieren und filtern zu können, um sie schließlich für eine Präsentation aufzubereiten. Die Forderung nach sowohl fachlichen als auch nicht-fachlichen Kompetenzen stellt die Fremdsprachenausbildung vor eine Herausforderung. Ein klares Defizit bei der Umsetzung von CLIL-Kursen besteht in der geringen Verfügbarkeit von Arbeitsmaterialien bzw. Lehrwerken. Kein Lehrwerk vermag es, lokale Verhältnisse miteinfließen zu lassen oder benötigte Kompetenzen im ausreichenden Maße zu trainieren. Dies ist nur mit einer Methode möglich, die das eigenständige Lernen der Teilnehmer anspornt und selbständiges Lernen unterstützt. Zwar wurden in den letzten Jahren einige Plattformen für CLIL-Materialien geschaffen, dennoch ist das Angebot begrenzt. Bislang gibt es nur wenige Pools mit qualitativ hochwertigen CLIL-Arbeitsmaterialien, die zum Abruf bereitstehen. Insgesamt lässt sich festhalten, dass CLIL einen viel versprechenden Ansatz darstellt, um Fremdsprachenerwerb mit der Entwicklung von beruflichen und fachlichen Kompetenzen zu verknüpfen.

3 Projekt: Simulierte Unternehmensgründungen

3.1 Der Einsatz von Businessplänen im berufsorientierten DaF-Unterricht

Im Gegensatz zu Europa ist es in Taiwan relativ unkompliziert und kostengünstig, ein eigenes Unternehmen zu gründen. Deshalb entwickelt sich Taiwan immer mehr zu einem Start-up Land. Zu den größten Herausforderungen bei Unternehmensgründungen zählen die Finanzierung, die Marktverhältnisse sowie die Talentrekrutierung (PwC, 2018). Aber die Regierung ist bemüht, diese Hindernisse zu beseitigen, um Jungunternehmer bestmöglich zu unterstützen. Mittlerweile zählt Taiwan zu den gründungsfreundlichsten Ländern der Welt. Diese Tatsache sollte auch im Unterrichtskontext Aufnahme finden und berufsorientierter Deutschunterricht bietet dazu eine optimale Plattform. Auch wenn eine Unternehmensgründung aus dem Unterrichtskontext heraus als unwahrscheinlich gilt, verhilft es den Kursteilnehmern, sich mit der Materie intensiv auseinanderzusetzen. Sie können dadurch nicht nur viele praxisnahe Kenntnisse mitnehmen, sondern auch berufliche Kompetenzen aufbauen.

Vor einer Unternehmensgründung müssen Gedanken und Ziele des Vorhabens gründlich geordnet werden und die Geschäftsidee muss in nüchterne Zahlen übersetzt werden. Ein Businessplan zwingt Gründer also dazu, sich und ihre Fähigkeiten sowie die

Tragfähigkeit der Geschäftsidee möglichst objektiv zu hinterfragen. Ist das Vorhaben überhaupt finanziell tragfähig? Welche Risiken und welche Chancen bestehen? Bringe ich die nötigen unternehmerischen Fähigkeiten mit? Genau darauf soll ein Businessplan Antworten liefern. Er dient einer ersten Strukturierung, denn die Begeisterung für die Geschäftsidee ist oft groß, aber die Bereitschaft sich mit kritischen Fragen zu beschäftigen eher gering. Der Erstellungsprozess des Plans ist dabei wichtiger als das Endprodukt selbst, denn im Projektverlauf werden die Gründer viele Erkenntnisphasen durchlaufen und auch Änderungen am Projekt vornehmen. Dem Businessplan kommt bei Unternehmensgründungen essentielle Bedeutung zu (Off, 2014)). Aber auch im berufsorientierten Fremdsprachenunterricht lässt er sich gut nutzen, denn mit simulierten Unternehmensgründungen können viele grundlegende Teilbereiche der Wirtschaft bearbeitet werden.

In der Regel besteht ein Businessplan besteht aus zwei Teilen: der eigentlichen Vorstellung der Geschäftsidee und der Darstellung der finanziellen Rentabilität (Finanzplan). Der allgemeine Teile umfasst meist folgende Elemente:

- Die Geschäftsidee
- Das Gründerprofil / Gründerteam
- Die Markteinschätzung
- Die Wettbewerbssituation
- Der Standort
- Die Unternehmensorganisation und Personalmanagement
- Die Risikoanalyse

Der Finanzplan inkludiert folgende Elemente:

- Der Kapitalbedarfsplan
- Die Lebenshaltungskosten
- Der Umsatz und Rentabilitätsplan
- Die Break-Even-Berechnung
- Der Liquiditätsplan

Im berufsorientierten Fremdsprachenunterricht lässt sich ein Businessplan so uminterpretieren, dass Studierende (Gründer) den Kursleiter (Investor) davon überzeugen sollen, dass sie sich intensiv mit ihrer Geschäftsidee auseinandergesetzt haben und sowohl sprachlich als auch fachlich in der Lage sind, ihr Vorhaben adäquat präsentieren zu können. Der Einsatz im Deutschunterricht dient auch der besseren Selbsteinschätzung der Fähigkeiten der Teilnehmer und das Erkennen eigener Schwächen. Ist man dem Schritt in die Selbständigkeit überhaupt gewachsen? Stellen die potentiellen Gründer fest, dass sie das nötige Wissen und Fertigkeiten für eine Unternehmensgründung mitbringen, verschafft ihnen das Selbstvertrauen. Wird hingegen im Projektverlauf offensichtlich, dass für die erfolgreiche Umsetzung der Idee fachliche oder unternehmerische Qualifikationen fehlen, bietet das Anstöße, dieses Manko aus eigenem Antrieb auszugleichen und sich mehr Wissen anzueignen bzw. die eigenen Fähigkeiten zu erweitern.

3.2 Projektablauf

Einen guten Einstieg in das Thema bietet ein Gespräch darüber, welche Berufe Studierende nach dem Studienabschluss ausüben möchten. Mit der Frage, ob sie denn schon über eine Selbständigkeit nachgedacht hätten, leitet man in das eigentliche Thema über. Meist kommen hier schon interessante Kommentare von Kursteilnehmern, die in den Bereich Unternehmensgründung führen.

Vielleicht haben sich einige Studierende schon Gedanken über eine Unternehmensgründung gemacht, aber die wenigsten werden wohl einen konkreten Plan erstellt haben. Und genau hier setzt das Projekt an: Nach einer kurzen Vorstellung der Projektaufgabe, werden Beispiele von innovativen Unternehmensgründungen vorgestellt. Anhand von Kurzvideos von Unternehmensgründungen wird das Interesse am Thema geweckt. Nach der Gruppeneinteilung beginnen die Teilnehmer mit der Ideenfindung zur eigenen Geschäftsidee. Wichtig bei der Aufgabe ist, dass die Entwicklung der Geschäftsidee auf realen Annahmen beruht. Das heißt, das Projekt sollte auf real verfügbare Ressourcen basieren und die wahren Kenntnisse und Fähigkeiten der Gruppenmitglieder mit einbeziehen. Die Geschäftsidee sollte wirklich umsetzbar sein, hinsichtlich der finanziellen Mitteln, den Fähigkeiten der Gruppenmitglieder und der eingesetzten Technologie. So kann nur verwendet werden, was der Gruppe als Gesamtheit zur Verfügung steht und worauf sie Zugriff hat. Durch diese Vorgabe werden Teilnehmer gezwungen, ihre vorhandenen Ressourcen zu analysieren und über ihre eigenen Fähigkeiten zu reflektieren. Außerdem verschafft diese Voraussetzung dem Projekt Glaubwürdigkeit und Authentizität.

Der Teil der Ideenfindung bietet sich bestens für das Training von Kreativitätstechniken (Brainstorming, 6-3-5 Methode, etc.) an. Da es sich hier um eine Kreativphase handelt, sollte nicht nur ausreichend Zeit zur Verfügung stehen, sondern auch ein entspanntes und anregendes Umfeld für Ideenfindung geschaffen werden. Möglicherweise werden vorerst auch mehrere Ideen für Geschäftskonzepte notiert. Da diese Phase noch der Ideenformulierung angehört, sollte sich der Kursleiter zurückhalten und den kreativen Ideen der Teilnehmer freien Lauf lassen. Nach der Phase der Ideenfindung soll sich die Gruppe auf ein Vorhaben einigen und dieses konkretisieren. Die Teilnehmer müssen hier die Realisierbarkeit ihrer Idee im Auge behalten. Die Entscheidung bezüglich einer Geschäftsidee kann im späteren Verlauf des Projektes durchaus noch geändert werden. Die Weiterentwicklung bis hin zum fertigen Geschäftsplan ist als kontinuierlicher Lernprozess zu verstehen. Ziel ist es nicht, das Dokument so rasch wie möglich fertig zu stellen, sondern die Gründungsidee so genau wie möglich zu entwickeln. Dabei gilt es auch Rückschläge bei der Planung zu überwinden. Es zeugt von guten unternehmerischen Fähigkeiten, wenn eine Teilnehmergruppe Probleme identifiziert hat und Änderungen an ihrer ursprünglichen Idee vornimmt, um die Realisierungschancen zu erhöhen. Kursteilnehmer erliegen anfangs durchaus utopischen Vorstellungen, was die Realisierung von Geschäftsideen angeht, allerdings werden diese im Laufe des Projekts immer realistischer und das ist auch gut und gewollt so.

Der Umfang eines Businessplanes erfordert es, dass die Gruppenmitglieder Aufgaben verteilen – und zwar je nach ihren Fähigkeiten und Interessen. Dass das Projekt auch kalkulatorische Aufgaben beinhaltet, kommt Teilnehmern zugute, die mehr rechnerische Sicherheit mitbringen. Andere übernehmen wiederum den sprachlichen Teil, wo es um die ausgefeilte Formulierung der Geschäftsidee auf Deutsch geht. So leistet jeder entsprechend seiner Fähigkeiten einen Beitrag zum Gesamtprojekt. Da aber alle Einzelteile des Planes übereinstimmen sollen, müssen alle Gruppenmitglieder miteinander kommunizieren und sich absprechen. Am Ende soll eine schriftliche Version ihrer Geschäftsidee vorliegen, die nicht nur inhaltlich, sprachlich und rechnerisch stimmig, sondern auch optisch ansprechend ist. Am Projektende präsentieren alle Gruppen kurz ihre Geschäftsidee und ihren Businessplan im Plenum. Im Rahmen dieser simulierten „Investorenversammlung" können die Kursteilnehmer Fragen zur jeweils vorgestellten Geschäftsidee stellen bzw. Rückmeldung zum Projekt geben.

3.3 Unterrichtsmaterial

Im Internet finden sich viele kostenlose Vorlagen von Businessplänen, die sich gut für das Projekt adaptieren lassen.[3] Man findet auch Excel-Tabellenvorlagen für die Erstellung des Finanzplans. Diese Vorlagen erleichtern es den Lernenden, die benötigten Berechnungen durchzuführen. Anhand dieser können Kursteilnehmer sehen, wie ein fertiger Businessplan aussieht und welchem Zweck er dient. Außerdem stehen Textvorlagen mit Kommentaren zu den einzelnen Inhaltspunkten zur Verfügung. Diese Vorlagen (z.B. der IHK) lassen sich gut nutzen, um den Teilnehmern einen Rahmen für die Bearbeitung des Inhalts zu geben. Darüber hinaus lassen sich auch kurze Videoclips von Start-up Ideen auf Crowdfunding-Plattformen finden, die sich gut eignen, um Teilnehmer auf verschiedene Geschäftsideen und deren Umsetzung hinzuweisen.[4]

3.4 Projektbewertung

Es sind die Fortschritte der individuellen Teilnehmer, die bewertet werden sollen. Dass manche Teilnehmer aber mit der Finanzplanung beschäftigt sind, während sich andere um sprachliche Formulierungen der Geschäftsidee bemühen, erschwert zwar eine vergleichbare Leistungsbewertung, macht sie aber nicht unmöglich. Das Projekt sieht keine Prüfungen im eigentlichen Sinne vor.

---

[3] Siehe beispielsweise: IHK, https://www.ihk-muenchen.de/businessplan/.

[4] Siehe beispielsweise: https://www.kickstarter.com/?lang=de,
https://www.deutsche-startups.de/ oder
https://www.startnext.com/Projekte.html.

Die Rückmeldungen der Studierenden sind sehr positiv. Viele setzen sich im Rahmen des Projekts mit der Frage auseinander, ob sie geeignete Fähigkeiten für die Berufswelt mitbringen. Sie empfinden das Projekt als gute Überleitung für die Zeit nach dem Studienabschluss. Anfangs sind sie von der Größe und der Komplexität der Projektaufgabe beeindruckt, sie verstehen aber schnell, dass sie durch Teamarbeit das Projekt gut in Einzelteile zerlegen können. Und für jeden Gruppenteilnehmer findet sich in der Regel eine geeignete Aufgabe, die den Fähigkeiten entspricht.

Die Teilnehmer müssen sich sehr intensiv mit der Angelegenheit der Unternehmensgründung auseinandersetzen und viel Recherchearbeit leisten (Rechtsform, Standortwahl, Arbeitsrecht, Ladenöffnungszeiten, etc). Die Ideen- und Informationssuche nimmt viel Zeit in Anspruch, lohnt sich für die Teilnehmer aber, weil sie am Ende nicht nur über Unternehmensformen Bescheid wissen, sondern auch gut über Marktverhältnisse informiert sind und verstärkt auf Nachrichtenberichte im Bereich Wirtschaft achten. Sie kennen verschiedene Finanzierungsmöglichkeiten und stärken durch die Entwicklung ihre gemeinsamen Projektes Problemlösungskompetenz, Verantwortungsbewusstsein und Teamfähigkeit. Durch betreute Rechercheaufgaben stärkt das Projekt auch die Medienkompetenz. Das Internet bietet Zugriff auf schier unendliches Wissen, allerdings liegt es am Suchenden bzw. an dessen Suchbegriffen, wie erfolgreich die Suche ist. Mit Suchoperatoren lassen sich bestimmte Suchkriterien festlegen und man erhält akkuratere Antworten. Allerdings liefern Suchmaschinen auch falsche oder manipulierte Antworten. Das Projekt bietet also Raum, um Datenkompetenz und kritisches Denken zu stärken. Alles in allem Kompetenzgewinne, die durch traditionelle Lehransätze und konventionelle Übungsaufgaben aus Lehrwerken nur schwer zu vermitteln sind.

3.5 Schwierigkeiten bei der Durchführung

Selbstverständlich trifft man bei so einem Projekt auch auf Schwierigkeiten, die es zu überwinden gilt. Zum einen wäre hier der Zeitaufwand anzuführen, der für das Projekt einzuplanen ist. Projekte dieser Art beanspruchen mindestens einen Zeitumfang von 16-20 Präsenzstunden. Ein nicht unwesentlicher Teil der Arbeit wird außerhalb des Unterrichts geleistet. Weiters erfordert das Projekt vom Kursleiter ein Grundverständnis im Bereich der Betriebswirtschaft und setzt voraus, dass sich die Lehrkraft mit dem Thema Unternehmensgründung eingehend beschäftigt hat. Denn im Rahmen des Projektes werden betriebswirtschaftliche bzw. rechtliche Fragen aufgeworfen, die zu beantworten sind. Der Kursleiter sollte darüber hinaus gut zwischen Fach- und Sprachausbildung balancieren können und mit beiden Gebieten vertraut sein. Wie eingangs erwähnt legen CLIL-Kurse weniger Wert auf sprachliche Richtigkeit, sondern versuchen inhaltlich zu punkten. Nichtsdestotrotz sollte die Geschäftsidee sprachlich so vermittelt werden können, dass eine störungsfreie Kommunikation möglich ist. Dieser Bereich bedarf besonderer Beachtung, denn in denn Gruppen muss neuer Wortschatz in neuem Kontext aufgebaut werden. Für die Durchführung des Projekts empfiehlt sich die Niveaustufe B1+/B2, wobei die Kursteilnehmerzahl idealerweise nicht über 20 Personen liegen sollte. Bei größeren Teilnehmerzahlen würde die Betreuung der einzelnen Gruppen viel Zeit in Anspruch nehmen und die Qualität des gesamten Projekts negativ beeinflussen.

4 Fazit

Die Erstellung von Businessplänen gilt bei Start-ups als essentieller Schritt, um die strategische Planung und die langfristige Rentabilität von Unternehmensgründungen zu überprüfen. Wie das Projekt zeigt, lassen sich simulierte Gründungen auch gut in den Fremdsprachenunterricht integrieren. Neben dem fremdsprachlichen Training spricht der Ansatz auch die Förderung unternehmerischer und beruflicher Kernkompetenzen an. Die Teilnehmer setzen sich nicht nur intensiv mit aktuellen Trends der lokalen und globalen Wirtschaftswelt auseinander, sondern befassen sich auch mit neuesten technischen Trends. Außerdem nehmen sie bestehende Unternehmen bewusster wahr (realer Kontext) und achten verstärkt auf das wirtschaftliche Umfeld. Die Teilnehmer suchen nach möglichen Marktnischen und Geschäftsmöglichkeiten und erfahren somit auch mehr über die aktuelle Marktsituation. Durch simulierte Unternehmensgründungen bietet das Projekt gute Gelegenheiten, den Fokus auf eigene unternehmerische Stärken und Schwächen zu legen, und die realen Annahmen zur Gründung schärfen den Sinn für ökonomische Entscheidungsfindung. Insgesamt führt das Projekt unter den Kursteilnehmern zu einem Austausch über breite wirtschaftliche Themenfelder hinweg. Die Teilnehmer informieren sich selbständig über rechtliche Rahmenbedingungen für Unternehmensgründungen und erkundigen sich nach Finanzierungsmöglichkeiten (Banken, staatliche Förderprogramme, Schwarmfinanzierung). Das Projekt trainiert somit in sicherer Umgebung die Analyse von Chancen und Risiken eigener Unternehmensgründung und baut berufliche Kompetenzen auf. Darüber hinaus sollte natürlich nicht vergessen werden, dass die intensive Auseinandersetzung mit dem Thema auch die fremdsprachliche Handlungsfähigkeit stärkt. Im Kurskontext wird Deutsch als Kommunikationswerkzeug benutzt und oftmals wird vergessen, dass man in einer Fremdsprache spricht, aufgrund der Tatsache, dass der Inhalt des Gesprächs zu wichtig ist, um jetzt auf korrekte Grammatik zu achten.

Im Kontext einer DaF-Sprachausbildung, die davon ausgehen kann, dass die meisten Studienabgänger in der Zukunft kaum Chancen haben werden, Deutsch im beruflichen Kontext anzuwenden – was in Taiwan den Normalfall darstellt – bietet das Projekt eine äußerst gute Gelegenheit, wichtige Kernkompetenzen zu stärken, die der späteren beruflichen Laufbahn der Absolventen dienlich sind.

5 Literatur

Achatz, M./Tippelt, R. (2001). Wandel von Erwerbsarbeit und Begründungen kompetenzorientierten Lernens im internationalen Kontext. In *Bolder, A./Heinz, W. R./Kutscha, G. (Hrsg.): Deregulierung der Arbeit – Pluralisierung der Bildung? Jahrbuch Bildung und Arbeit 1999*, 2000 (S. 111-127). Opladen.

Ahrens, D., & Spöttl, G. (2015). Industrie 4.0 und Herausforderungen für die Qualifizierung von Fachkräften. In *Digitalisierung industrieller Arbeit* (S. 184-205). Nomos Verlagsgesellschaft mbH & Co. KG.

Arnold, D., Arntz, M., Gregory, T., Steffes, S., & Zierahn, U. (2016). *Herausforderungen der Digitalisierung für die Zukunft der Arbeitswelt* (ZEW policy brief). Mannheim: ZEW.

Botthof A., Hartmann EA. (2015) *Zukunft der Arbeit in Industrie 4.0*. Springer, Berlin.

Coyle, D. (2008). CLIL-A pedagogical approach from the European perspective. *In Encyclopedia of language and education* (S. 1200-1214), Springer US.

Coyle, D., Hood, P., & Marsh, D. (2010). *CLIL: Content and Language Integrated Learning.* Cambridge University Press, Cambridge.

Dalton-Puffer, C. (2008). Outcomes and processes in Content and Language Integrated Learning (CLIL): current research from Europe. Download unter: https://www.univie.ac.at/Anglistik/Dalton/SEW07/CLIL%20research%20overview%20article.pdf. University of Vienna, Austria (zugegriffen am 20. Februar 2019).

Dalton-Puffer, C. (2011). Content-and-language integrated learning: From practice to principles? *Annual Review of applied linguistics 31*:182-204.

de Zarobe, Y. R., & Lasagabaster, D. (Eds.). (2010). *CLIL in Spain: Implementation, results and teacher training.* Cambridge Scholars Publishing.

Dietzen, A. (2015). Die Rolle von Wissen in Kompetenzerklärungen und im Erwerb beruflicher Handlungskompetenz. In M. Stock, P. Schlögl, K. Schmid & D. Moser (Hrsg.), *Kompetent – wofür? Life skills – Beruflichkeit – Persönlichkeitsbildung. Beiträge zur Berufsbildungsforschung* (S. 39-53). Innsbruck: Studienverlag.

Drahokoupil, J., & Fabo, B. (2016). The platform economy and the disruption of the employment relationship. *ETUI Research Paper-Policy Brief, 5.*

European Commission. (2010). Content and language integrated learning (CLIL). Download unter: http://ec.europa.eu/education/languages/language-teaching/doc236_en.htm (zugegriffen am 3. Mai 2019).

Europäische Kommission. (1996). Weißbuch zur allgemeinen und beruflichen Bildung: Lehren und Lernen – auf dem Weg zur kognitiven Gesellschaft. Download unter: *www.europa.eu/documents/comm/white_papers/pdf/com95_5 90_de.pdf* (zugegriffen am 3. Mai 2019).

Europäische Union. (2018). Mehrsprachigkeit. https://europa.eu/european-union/topics/multilingualism_de (zugegriffen am 5. Mai 2019).

Focus Taiwan. *Taiwan suffers from talent imbalance: government report.* July 29, 2018. http://focustaiwan.tw/news/aeco/201807290009.aspx (zugegriffen am 2. Juni 2019).

Frigols, M. J., & Marsh, D. (2007). CLIL as a catalyst for change in languages education. *Babylonia 3*(07):33-37.

Hoberg, P., Krcmar, H., & Welz, B. (2017). *Skills for digital transformation. Research Report 2017.* https://www.i17.in.tum.de/uploads/media/IDTSurvey_Report _2017_final.pdf. (zugegriffen: 3. März 2019).

Kenney, M., & Zysman, J. (2016). The rise of the platform economy. *Issues in Science and Technology, 32*(3):61.

Llinares, A., & Whittaker, R. (2010). Writing and speaking in the history class A comparative analysis of CLIL and first. *Language use and language learning in CLIL classrooms, 7:*125.

Manpower. 2018. Solving the talent shortage. Download unter: https://go.manpowergroup.com/talent-shortage-2018 (zugegriffen: 15 Juni 2019).

Mehisto, P., Marsh, D., & Frigols, M. J. (2008). *Uncovering CLIL: Content and language integrated learning in bilingual and multilingual education.* Macmillan.

Müller, S. (2018). Berufsbildung 4.0 – was müssen die Fachkräfte der Zukunft können? In *Digitalisierung im Spannungsfeld von Politik, Wirtschaft, Wissenschaft und Recht* (S. 291-298). Springer Gabler, Berlin, Heidelberg.

NDC (National Development Council). 2016. The Asia Silicon Valley Development Plan. https://www.ndc.gov.tw/en/Content_List.aspx?n=90BEB8623 17E93FC (zugegriffen: 2. April 2018).

Off, J. (2014). Warum ein Businessplan wichtig ist. Süddeutsche Zeitung, 23. Mai 2014. https://www.sueddeutsche.de/karriere/unternehmensgruendun g-warum-ein-businessplan-wichtig-ist-1.1909265 (zugegriffen 10 März 2019).

PwC. 2018. *2018 Taiwan Startup Ecosystem Survey.* Download unter: https://www.pwc.tw/en/publications/taiwan-startup-ecosystem-survey.html (zugegriffen: 2. Februar 2019).

Vollmer, H. J. (2010). Fachkompetenz als fachbasierte Diskursfähigkeit am Beispiel Geographie. *Bilingualer Sachfachunterricht in der Sekundarstufe I. Tübingen: Narr*, S. 242-257.

WEF (World Economic Forum). (2018a). *The Global Competitiveness Report 2018.* Download unter: http://www3.weforum.org/docs/GCR2018/05FullReport/The Global Competitiveness Report2018.pdf (zugegriffen: 1. Februar 2019).

WEF (World Economic Forum). (2018b). *Future of Jobs.* Download unter: http://www3. weforum.org/docs/WEF_Future_of_Jobs_2018.pdf (zugegriffen am 5. April 2019).

Internetseiten für Gründer

Existenzgründer, https://www.existenzgruender-helfer.de/businessplan-kostenlos-erstellen/businessplan-vorlage-kostenlos/

Für Gründer, https://www.fuer-gruender.de/businessplan-vorlage/kostenlos/

IHK, https://www.ihk-muenchen.de/businessplan/

KMU Portal für kleine und mittlere Unternehmer, https://www.kmu.admin.ch/kmu/de/home/praktisches-wissen/kmu-gruenden/firmengruendung/erste-schritte/gut-geplanter-start/businessplan/vorlagen-und-muster-zum-erstellen-von-businessplaenen.html

Informationen zu Start-ups

Crowdcircus, https://crowdcircus.com

Kickstarter, https://www.kickstarter.com

startupbrett, https://www.startupbrett.de

Startupnext, https://www.startnext.com

Deutschunterricht berufsorientiert und praxisnah

Holger Hähle

Abstract
Angesichts der wachsenden Bedeutung von Fremdsprachen in den internationalen Wirtschaftsbeziehungen, sollten Betriebs- und Volkswirtschaft mehr Bedeutung im Unterricht von Deutsch als Fremdsprache (DaF) bekommen.
Wie ich das für die Geschäftsbereiche Marketing und Vertrieb umsetze, lege ich in meinem Beitrag näher aus. Grundlage meines Ansatzes sind meine langjährigen Berufserfahrungen in der Industrie.

Keywords: Akquise, Harvard Konzept, Internationaler Handel, Kommunikationsebenen, Kompetenzorientierung, Marketing, Messeplanung, Vertrieb, Wirtschaftsdeutsch

職業導向及貼近實務的德語教學

摘要
外語能力在國際經貿扮演愈來愈重要的角色，因此，針對非母語學生的德語教學(DaF)亦應更加重視企業管理學及經濟學。
筆者將在本文中，基於個人在職場上多年的工作經驗，進一步的論述如何將市場行銷與銷售學帶入課堂。

關鍵詞：購得、國際貿易、哈佛談判概念、溝通層面、能力導向、市場行銷、商展策畫、銷售、商務德語

Einleitung

Sprache ist eine kulturelle Leistung. Sie ist geradezu der primäre Ausdruck ihrer zugehörigen Kultur. Deswegen werden Fremdsprachen auch bevorzugt im Kontext weiterer kultureller Leistungen unterrichtet. Es ist also naheliegend, mit einer Fremdsprache auch in die Literatur und Geschichte eines Sprach- und Kulturkreises einzuführen. So gewinnen die Lernenden in der klassischen Germanistik fundierte Sprach- und Kulturkenntnisse sowie allgemeine Kenntnisse über Land und Leute. Eine solche breit angelegte Ausbildung ermöglicht den Berufseinstieg in vielen Bereichen. Es gibt jedoch nur wenige Angebote ohne eine berufsqualifizierende Fortbildung.

In meinem Beitrag möchte ich über die Vorteile einer Fremdsprachenschulung sprechen, die entweder in Gänze berufsorientiert ist, oder aber erlaubt, einen berufsspezifischen Schwerpunkt zu wählen. Ich denke dabei insbesondere an die Betriebswirtschaft.

Ich bin ein so großer Befürworter einer wirtschaftlichen Vertiefung im Studium, weil es auch mir bei der Karriere geholfen hat. Ich habe Naturwissenschaften studiert. Danach traf ich auf ein sehr kleines Angebot von Beschäftigungsmöglichkeiten und war erst einmal von Arbeitslosigkeit betroffen.

Nach einem wirtschaftswissenschaftlichen Aufbaustudium für Naturwissenschaftler und Ingenieure kam ich dann aber sehr schnell in Arbeit in der Vertriebsabteilung eines Chemiekonzerns. Die betriebswirtschaftliche Qualifikation war für diesen Erfolg maßgeblich.

Aus meinen dann anschließenden 15-jährigen Erfahrungen, vornehmlich in den Bereichen Vertrieb, Marketing und PR leite ich meine Anforderungen in Bezug auf einen praxisorientierten Unterricht ab.

Somit beschäftige ich mich im letzten Teil dann mit der praxisnahen Umsetzung von Deutsch als Fremdsprache (DaF) im Wirtschaftsunterricht. Mein Fokus wird auf die Bereiche Marketing und Vertrieb ausgerichtet sein.

Vorteile einer berufsorientierten, fremdsprachlichen Ausbildung

Von Anfang an versuche ich, die Studierenden unserer Universität und des College von Wenzao für eine berufliche Zukunft in der Wirtschaft zu sensibilisieren. Industrie und Handel machen am Arbeitsmarkt den größten Anteil der Beschäftigten aus. Die Beschäftigungsaussichten sind je nach Branche und Art der Tätigkeit äußerst vielfältig.

Der Stellenwert von Fremdsprachen ist vor allem beim internationalen Handel und multinationalen Kooperationen hoch. Für große und mittelständische Firmen gewinnt der wirtschaftliche Erfolg mit internationalen Partnern zunehmend an Bedeutung. Wir reden hier von einem wachsenden Markt. Da bietet es sich doch an, das Interesse für eine Fremdsprache mit attraktiven Berufsaussichten zu verbinden.

Gerade der internationale Vertrieb bietet Gelegenheit für Messe- und Kundenbesuche im Ausland. Dieses Argument findet viel Zustimmung. Alle meine Deutsch- und Englischstudenten wollen die Länder, deren Sprache sie studieren, persönlich kennenlernen, gerne auch mit beruflichem Auftrag und Spesenkonto.

Kaohsiung, der Ort unserer Lehranstalt, hat eine große nationale Bedeutung als Hafen- und Industriestandort. Schon in den sechziger Jahren enwickelte sich mit der Einrichtung von *Export Processing Zones* im Freihafen eine exportorientierte Industrie, die entscheidend zum Bruttosozialprodukt beigetragen hat.

Heute genießt unter anderem die metallverarbeitende Industrie der Region mit ihren Spezialschrauben und Befestigungssystemen einen internationalen Ruf. Ihre Leistungsschau auf der jährlichen *International Fastener Show* in den Messehallen von Kaohsiung findet von Jahr zu Jahr größeren internationalen Zulauf.

Diesen Heimvorteil nutzen bereits unsere Absolventen. Es ist mir bei Messerundgängen jedes Mal eine Freude, meinen neuen Studenten Absolventen vorzustellen, die nach einem wirtschaftlichen Schwerpunkt in ihrem Germanistikstudium eine berufliche Zukunft im Marketing oder Vertrieb bei lokalen Firmen der Metallverarbeitung gefunden haben.

Die Äußerung einer Absolventin, die sich vom Trainee über die Position einer Marketingassistentin zur Marketingmanagerin hochgearbeitet hat, dass ihre nächste Fachmesse nach Kaohsiung in Stuttgart sei, hat meine Studenten durchaus beeindruckt.

Mit einem berufsspezifischen Schwerpunkt wird die Ausbildung unserer Studenten anwendungsorientiert. Es entsteht kein zusätzlicher Zeitaufwand für diese zusätzliche Schulung, weil die Sprachvermittlung in ihren Beispielen und Übungen an Themen aus dem Berufsleben ausgerichtet werden können. Dieses synergistische Prinzip funktioniert grundsätzlich von Anfang an. Es gibt viele Lehrbücher der deutschen Sprache mit ausschließlich betriebswirtschaftlichen Themen, die bereits für Anfänger konzipiert sind.

Grundzüge einer praxisnahen fremdsprachlichen Ausbildung in Marketing und Vertrieb

Marketing und Vertrieb sind in einem Unternehmen die Instrumente der Absatzpolitik. Sie sind von zentraler Bedeutung für den wirtschaftlichen Erfolg einer Firma. Wenn zu wenige Produkte oder Dienstleistungen abgesetzt, also verkauft, werden, geht es dem Unternehmen schlecht. Wenn gut verkauft wird, dann kann das Unternehmen unter Umständen mit den Gewinnen expandieren. Die Arbeit in diesen Abteilungen ist also erfolgsorientiert.

Ein gutes Produkt und Fleiß sind wichtige Vorraussetzungen, um erfolgreich am Markt zu agieren. Das reicht aber nicht immer, um sich gegen Mitbewerber durchzusetzen. Letztlich zählt bei aller Anstrengung im Vertrieb nur die Unterschrift unter einem Kaufvertrag.

Eine praxisnahe Ausbildung erfordert neben der Vermittlung von Techniken und Strategien auch ein Training, das Ehrgeiz und Ambitionen schult. Der volle Einsatz beim Verkauf ist nicht genug. Das Gespräch muss zum Abschluss eines Kaufvertrags kommen. Diese sogenannte Abschlusssicherheit kann mit Rollenspielen und Gesprächsübungen trainiert werden.

Je praxisnäher, also je realistischer die Trainings angelegt sind, desto besser erkennen die Studenten, welche Voraussetzungen diese Aufgaben erfordern. Die Studenten sollen herausfinden, ob sie der Typ für eine Herausforderung sind, die mit dem Risiko des Scheiterns verknüpft ist. Aus gutem Grund ist die Bezahlung im Vertrieb mit Provisionen und Boni erfolgsabhängig. Oder wollen sie lieber im administrativen Bereich einer Finanzabteilung arbeiten, um dort z. B. das Zahlungsverfahren per Akkreditiv für einen Auftrag zu betreuen?

Die Tätigkeit im Vertrieb erfordert ein besonders hohes Maß an eigenverantwortlichem Handeln:
- Es braucht unbedingt eine hohe intrinsische Motivation, denn der Erfolg ist auch bei größter Anstrengung nicht garantiert.
- Um die Erfolgsaussichten zu erhöhen, braucht es strukturierte Planung und eine strategische Vorgehensweise, die individuell auf den Kunden zugeschnitten ist.
- Empathie für die Entwicklung der Kundenbeziehung (Customer Relationship Management – CRM) und
- Gespür und Hartnäckigkeit, um zum Abschluss eines Verkaufs zu kommen, sind ebenso wichtig.

Menschen, die gerne reisen, gerne mit Menschen umgehen und die dafür brennen, ein Produkt, von dem sie überzeugt sind, an den Mann / Frau zu bringen, sind für den Vertrieb geeignet. Gute Verkäufer wollen dem Kunden helfen, weil der nur dann kauft, wenn er für sich einen Vorteil sieht.

Ich würde am liebsten Marketing und Vertrieb in einem einzigen Kurs mit dem Titel *Instrumente der Absatzpolitik* anbieten. Sie gehören einfach zusammen, denn der Vertrieb ist ein Instrument des Marketings. Dann gäbe es auch noch mehr Zeit für das Gesprächstraining, damit die inhaltlichen Strukturen ausreichend kognitiv erfasst werden und sich auch einschleifen.

Kommunikation ist für das Verkaufen essenziell, ob am Telefon, beim Kundenbesuch oder der Produktpräsentation auf einer Messe. Das Gespräch und die Argumentation mit einem potenziellen Kunden nehmen einen großen Teil der Verkaufsaktivitäten ein.
Ein Verkaufsgespräch braucht neben einigen speziellen Gesprächstechniken alle grundlegenden Kommunikationsmittel, die wir ständig und auch im Alltag verwenden. Es braucht deshalb unter anderem:
- Small-Talk für den Einstieg
- Empathische Redemittel, um auf Befindlichkeiten einzugehen
- Wertungsfreie Redemittel für die fachliche Information
- Rhetorische Redemittel für leidenschaftliche Argumentationen

Grundsätzlich geht es bei jeder Kommunikation, ob privat oder beruflich, immer um bis zu vier Gesprächsebenen. Mal versuchen wir einen Gesprächspartner von einer Sache zu überzeugen. Ein anderes Mal dient ein Gespräch der Beziehungspflege.

Mein Schatz: *„Gehen wir ins Kino? Warum willst du nicht den Psychothriller sehen? Glaubst du wirklich die Lovestory bringt's, nur weil George Clooney die Hauptrolle spielt?"*
Herr Maier: *„Ihre Präsentation hat unser Problem auf den Punkt gebracht. Das hat jetzt auch der Ressortleiter kapiert. Ich bin beeindruckt. Werden Sie mich auch das nächste Mal unterstützen? Jedenfalls sollten wir mal eine Runde Golf spielen."*
Wo wir uns auch bewegen, im Alltag oder im Job, überall wird verhandelt. Überall ringen wir um unsere Interessen oder pflegen mit Nettigkeiten unser Verhältnis zum Gesprächspartner. Dazu gehören die Liebesbekundungen gegenüber dem Lebenspartner genauso wie das Anbiedern beim Chef. Alle Varianten, die wir im Leben brauchen, sind auch beim Verkauf einsetzbar. Und alles, was wir für den Verkauf lernen, lässt sich auch anderswo einsetzen.

Deswegen lege ich das Gesprächstraining für den Verkauf sehr breit an. Diesen Ansatz habe ich bereits in der Praxis als Regionalleiter effektiv eingesetzt. So lernen die Studenten etwas zu ihrem beruflichen und privaten Nutzen. Gerade da, wo es beim Verkauf ums Durchsetzen geht, kann man z. B. vom Gelernten auch einen Nutzen für die Beziehung zu einem rechthaberischen Freund ziehen.
Viele Lehrmaterialien für den Unterricht von Wirtschaftsdeutsch als Fremdsprache reduzieren Verkaufsgespräche auf Übungen zu Produkteigenschaften. Das reicht in der Verkaufspraxis nicht aus. Mindestens eine Nutzenargumentation gehört in so ein Gespräch hinein.
Wenn ich bei einem Verkauf nur auf die Produkteigenschaften hinweise, bleibt mir nur zu hoffen, dass der Kunde selbständig daraus einen Vorteil für sich ableitet. Besser ist es, wenn der Verkäufer das übernimmt und dem potenziellen Käufer den Nutzen einer Produkteigenschaft nahebringen kann.

Wer einen Porsche verkauft, kann natürlich mit den Motorleistungen wie Höchstgeschwindigkeit oder Beschleunigung angeben; er kann aber auch den Kunden emotionaler über den Fahrspaß berühren, denn darauf kommt es an. Letztlich ist es sogar zweitrangig, wie groß die Motorleistung genau ist, wenn nur der Bolide die Begeisterung des Kunden schürt.

Es gibt keine rationalen Argumente für den Kauf eines Sportwagens, der nicht mal ordentlich Platz für einen Kindersitz und zwei Kisten Bier hat. Niemand braucht ein sportliches Fahrzeug, um Wegstrecken optimal zu schaffen. Die Entscheidung für ein schnelles Auto ist rein emotional.

Es ist wichtig, dass der Verkäufer weiß, was der Kunde will, um die richtige Nutzenargumentation zu finden. Es braucht einen Schlüssel zu seinen Bedürfnissen. Deshalb ist Zuhören und Fragen wichtiger, als einen Kunden mit Produkteigenschaften zuzutexten.

Damit die Studenten lernen, wie Verkaufsprofis im realen Leben arbeiten, besteht mein Lehrkonzept aus zwei theroretischen Einführungen in das Marketing und in die Grundlagen der Kommunikation. Dem folgen kurze Einführungen mit kombiniertem Gesprächstraining zu vertriebsrelevanten Schwerpunkten:

      a. Einführung in das Marketing
      b. Allgemeine Grundlagen der Kommunikation
      c. Small-Talk
      d. Schlagfertigkeit
      e. Nutzenargumentation
      f. Zwei ausgewählte Anwendungssituationen

a. Marketing

Ich konzentriere mich hier auf die Einführung in die wesentlichen Grundlagen. Dazu bespreche ich den Marketingplan und den Marketing-Mix als ausführende Aktionsorgane einer Marketingstrategie.

Das Marketing beschäftigt sich mit der marktorientierten Führung eines Unternehmens durch Planung, Koordination und Kontrolle.

Das Marketing braucht eine Konzeption mit einer Leitidee und Zielgrößen, die zu einem Plan zusammengefasst werden.

Das Marketing nutzt die Marktforschung, um Informationen über den Absatzmarkt zu gewinnen. Deren Auswertung ist die Grundlage für eine planvolle Vorgehensweise, um die firmeneigenen Produkte abzusetzen.

Der Marketing-Mix enthält die operativen Elemente zur Umsetzung von Marketingstrategien aus dem Marketingplan. Der Marketing-Mix hat vier Säulen:

- Der **Produkt-Mix** definiert die Absatzleistungen. Er legt die Produkteigenschaften fest. Was sind die Funktionsmerkmale? Welche Form und Farbe soll ein Produkt haben? Neben dem Sortiment sind die Produktqualität, Markenbildung und der Kundendienst von Belang.
- Der **Kommunikations-Mix** beschäftigt sich mit den Informationen, die den Absatzmarkt erreichen sollen. Dazu gehören: Verkauf, Werbung und Öffentlichkeitsarbeit. Hier ist der Vertrieb angesiedelt. Ziel der Maßnahmen im Kommunikations-Mix ist die systematische Käuferbeeinflussung.
- Der **Distributions-Mix** bezieht alle Entscheidungen ein, die sich mit dem Vertriebsweg der Produkte beschäftigen. Hierzu gehört die Wahl, ob ein Produkt im allgemeinen Einzelhandel oder im Fachhandel erhältlich sein soll. Es geht also um die Absatzkanäle und Logistik.

- Der **Kontrahierungs-Mix** legt die Preise und Rabatte fest sowie die Skonti und Händlerkredite.

Der Unterricht wird erfrischender, wenn man auch auf die neuen Marketingmittel eingeht, die Erkenntnisse aus der kognitiven Psychologie und der Sozialpsychologie nutzen.

Ich habe für meine Lernenden die Methode des Anchoring (Ankern) ausgewählt. Der Fachbegriff wurde in den USA für ein Verfahren der Preisfindung entwickelt. Es ist somit ein Instrument des Kontrahierungs-Mix. Ich erkläre die Funktionsweise gerne am Beispiel von Gehaltsverhandlungen, weil diese ein Thema sind, das für die Studenten im Berufsleben wichtig werden wird.

Beim Ankern beeinflusst die erste Zahl, die auf den Tisch kommt, den Verlauf der weiteren Verhandlungen. Diese erste Zahl wirkt wie ein Anker, weil er fixiert, so wie ein Anker auch ein Schiff an seinem Ankerplatz fixiert. Bei Gehaltsverhandlungen ist also ihr Gehaltsvorschlag der Anker- bzw. Fixpunkt, an dem sich die Arbeitgeberseite orientieren wird.

Wählen Sie einen hohen, aber noch maßvollen, ungeraden Betrag. Ungerade Beträge wirken kalkuliert und sind glaubwürdiger. Der Gegenvorschlag wird sich jetzt an Ihrem hohen Betrag orientieren. Hätten Sie einen niedrigeren Betrag genannt, hätte der Arbeitgeber den Poker um die Gehaltsermittlung mit einem Betrag begonnen, der unterhalb der niedrigeren Forderung liegt.

Wenn der Personaler einen niedrigen Betrag nennt, dann wiederholen sie den nicht. Es besteht die Gefahr, dass Sie damit einen neuen Anker setzen. Kontern Sie sofort mit einem höheren Betrag, damit der Gegenvorschlag vom Tisch kommt.

Fastfoodketten nutzen das Ankern für ihre Preispolitik. Man denkt, die Burger sind teuer und entdeckt dann auf der Preistafel einen Burger, der besonders teuer ist. Plötzlich erscheinen die anderen Burger preiswert und unsere Kaufbereitschaft wächst.

Das Restaurant will den besonders teuren Burger nicht unbedingt verkaufen. Das ist nur der Anker, auf den die Kunden ihre Wahlentscheidung beziehen und begründen sollen. Dieser Fixpunkt dient in erster Linie dazu, den Verkauf der anderen Burger zu fördern.

Mit mehr Zeit wäre ein Projekt sinnvoll, bei dem die Studenten für ein Produkt Marktforschung betreiben müssten, um mit den Informationen einen Marketingplan mit detailliertem Marketing-Mix zu erstellen und diesen vor dem Chef (Lehrer) zu präsentieren.
Ein solches Projekt hätte gegenüber dem Unterricht im Klassenzimmer den Vorteil, dass es Praxisnähe hätte und zudem kompetenzorientiertes Lernen ermöglichen würde. Kompetenztraining unterstützt die Lernerautonomie.
Naturgemäß tauchen bei jedem Projekt Probleme auf. Diese sind von den Teilnehmern selbständig zu lösen. Das ist die Gelegenheit, selbständiges und eigenverantwortliches Arbeiten zu demonstrieren. Dazu ist je nach Problem die eigene Sozialkompetenz, Fachkompetenz, Medienkompetenz usw. zu entwickeln. Wie verteilt man die schwierigen Aufgaben im Team? Gelingt es, fehlendes Wissen aus bekanntem Fachwissen abzuleiten? Lässt sich fehlendes Wissen durch eine Recherche im Internet finden?
Im Job ist autonomes und kompetenzorientiertes Arbeiten grundlegend. Es gibt nicht immer einen Kollegen, der Bescheid weiß. In einem kompetitiven Arbeitsumfeld wollen die Kollegen oft auch nicht helfen.
Chefs vergeben den Auftrag zu einem Marketingplan und wollen dann erst wieder etwas von Ihnen hören, wenn der Plan fertig ist. Chefs mögen keine Probleme. Sie wollen Lösungen. Dafür hat er Sie doch eingestellt. Herr Maier: *„Sie haben nur wenig Zeit. Aber Sie werden das schon schaffen. Ich vertraue Ihnen."* Ein

Marketingprojekt wäre eine praxisnahe Erfahrung und könnte eine schriftliche Prüfung ersetzen.

b. Allgemeine Grundlagen für Verkaufsgespräche

Hier fasse ich mich kurz. Ich versuche nur das zu sagen und zu erklären, was anwendungstechnisch relevant ist. Den theoretischen Hintergrund schmelze ich auf das zusammen, was für die Folgerungen zum grundsätzlichen Verständnis notwendig ist. Bei weitergehendem Interesse verweise ich auf entsprechende Titel der Fachliteratur.

Wichtig ist, dass die Lernenden alle Kommunikationsebenen kennen, auf denen gesendet wird, damit sie eine Botschaft interpretieren können und auf dem richtigen Kanal eine Antwort geben.

Die Menschen meinen oft nicht, was sie sagen. Sachargumente werden dann vorgeschoben, um ein tieferes Interesse zu rechtfertigen. Jede sachliche Diskussion ist dann nicht mehr zielführend.

Mit Hilfe des Kommunikationsquadrats nach Schulz von Thun erkläre ich, dass Äußerungen ausdrücklich oder unbewusst zwischen den Zeilen bis zu vier Aspekte enthalten können. Danach gehe ich auf die einzelnen Ebenen ein:
-   Die **Sach-Ebene** informiert über den Sachinhalt.
-   Die **Selbstkundgabe-Ebene** gibt die Position eines Menschen wieder. Sie enthält Informationen über den Sprechenden (Sender) und seine Befindlichkeit. Sie dient der direkten oder subtilen Selbstdarstellung.
-   Auf der **Beziehungs-Ebene** macht der Sender Aussagen über sein Gegenüber. Diese Ebene macht deutlich, was der eine vom anderen hält, oder in welcher Beziehung man zueinander steht. Die Äußerung: *„Sie mögen Recht*

haben, aber das hätten Sie anders sagen können." enthält einen Beziehungshinweis.
- Die **Appell-Ebene** kann explizit oder indirekt sein. In ihrer expliziten Form enthält sie offene Aufforderungen, Anforderungen und Wünsche.

Individuelle Unterschiede zwischen Menschen kommen besonders auf der Beziehungsebene zum Ausdruck. Wenn wir über die Empfindlichkeiten eines Menschen zu wenig wissen, können wir auf dieser Ebene viel falsch machen. Gerade die individuellen Unterschiede machen es erforderlich, genau hinzuhören und uns in eine andere Gedanken- und Empfindungswelt einzufühlen. Ein Verkäufer muss also die eigene Perspektive einfühlsam mit einer anderen Befindlichkeitslage verbinden können.

Ein Chef, der seine Mitarbeiter nicht lobt, bringt damit nicht unbedingt seine Geringschätzung zum Ausdruck. Es kann sich um einen Chef mit emotionalem Abstand handeln, der der Meinung ist, dass eine besondere Anerkennung vertraglich vereinbarter Leistungen nicht erforderlich ist. Für ordentliche Arbeitsergebnisse bezahlt er schließlich seine Mitarbeiter. Ein solcher Chef sagt erst dann etwas, wenn seine Erwartungen nicht befriedigt werden.

Umgekehrt können Chefs auch das Lob unbeabsichtigt übertreiben, wenn sehr emotionale Mitarbeiter sich zu viel darauf einbilden. Auch Verkäufer sollten zurückhaltend mit Lob beim Kunden sein, wenn der Eindruck entstehen könnte, dass das Lob nicht angemessen ist. Dann nimmt der Kunde nicht nur das Lob nicht ernst, sondern auch den produktbezogenen Teil des Gesprächs.

Viele Konflikte haben ihre Ursache darin, dass den Gesprächspartnern unterschiedliche Informationen vorliegen. Wenn schon auf der Sachebene kein Gleichstand herrscht, darf man sich nicht über andere Interpretationsergebnisse wundern.

Deshalb sollte ein Verkäufer immer bedenken, dass eventuell der Kunde recht hat, weil der besser informiert ist, und sich mit Behauptungen zurückhalten, die später nur schwer zu relativieren sind.

Streitgespräche sind zu vermeiden. Das gilt auch, wenn der Kunde offensichtlich unrecht hat und man das mit Fakten schnell belegen könnte. Das Prinzip, das ein Kunde immer recht hat, gilt immer. Es ist schwer, eine andere Meinung, die sich im Hirn eingebrannt hat, in unserem Sinne zu beeinflussen.

Selbst wenn hier auf der Sach-Ebene gesendet wird, können empfindliche Menschen das auf der Beziehungs-Ebene als Angriff auf ihre Urteilsfähigkeit und Kompetenz einstufen.

In einer solchen Situation kann ein Verkäufer nur auf andere Informationen verweisen, die von Dritten vertreten werden. So gibt er Hilfestellung, die Meinung zu prüfen, ohne sich selbst zu positionieren und damit angreifbar zu machen.

c. Small-Talk

Bevor Menschen sich näher kennenlernen können, müssen sie sich „beschnuppern". Nur wer den anderen „riechen" kann, mag mit ihm umgehen. Small-Talk bricht das Eis zwischen den Menschen. Bei einem unverbindlichen Gesprächseinstieg über allgemeine Themen entsteht Sympathie. Die brauchen wir, um dem anderen zuhören zu wollen.

Der erste Eindruck, der hier entsteht, ist wichtig. Wir reden über Fußball und stellen fest, dass wir beide lieber Tennis mögen. Beim Small-Talk werden grundlegende Interessen und Befindlichkeiten abgecheckt, um auszuloten, wie ich mit meinem Gegenüber im Weiteren umgehen sollte.

Small-Talk setzt den ersten Pfeiler zum Beziehungsmanagement. Und das wird auch in Fachgesprächen gebraucht. Zum einen ist der Mensch häufig eher emotionaler als rationaler Natur. Außerdem gibt es auch generische Märkte, wo ich mich gegenüber Mitbewerbern mit gleichen oder ähnlichen Produkten nicht mehr über Produkteigenschaften oder eine Nutzenargumentation abheben kann.

Das Thema Small-Talk ist Gegenstand vieler Übungen in diversen, allgemeinen Lehrwerken für den Fremdsprachenunterricht. Es steht also genügend Material zur Verfügung. Da wird dann auch erklärt, dass Themen wie Politik oder Religion zu meiden sind. Es geht halt am Anfang im Gespräch darum, Gemeinsamkeiten herauszuarbeiten. Das potenziell Trennende ist tabu. Es hat in einem Verkaufsgespräch keinen Platz.

d. Schlagfertigkeit

Einem Verkaufsprofi darf es in keiner Gesprächssituation die Sprache verschlagen. Der Gesprächsverlauf sollte fließend ohne unterbrechende Stockungen sein. Die Studenten sollten also lernen, routiniert die gelernte Fremdsprache zu benutzen. Am besten, sie denken gar nicht aktiv darüber nach, was sie sagen. Passives Sprechen braucht aber auch viel Übung, die ich gerne gebe, denn wir schulen ja auch die Sprechfertigkeit in einer Fremdsprache. Mit der Übung kommt die Qualität. Die zeigt sich in einer gewissen Flüssigkeit und Eloquenz, die durch den Sprachfluss harmoniestiftend wirkt.

Die Harmonie steigt auch durch aktives Zuhören mit kurzen Einwürfen wie „aha", „ist ja interessant" oder „das wusste ich noch nicht".

Auch das Paraphrasieren hilft. Hierfür sind wichtige Teile der Ausführungen des Kunden mit eigenen Worten zu wiederholen. Wenn z. B. der Käufer sagt: „Wir legen größten Wert auf eine hohe Fertigungsqualität." Dann kann der Verkäufer anfügen:

„Verstehe ich sie richtig, dass sie keine Produktionsmängel tolerieren?"

Stößt der Verkäufer auf Gegenwind, dann braucht es eine angemessene Reaktion. Ein sprachlicher Angriff, Zweifel oder Widerspruch machen das Produkt schlecht. Kommt der Angriff überraschend, dann können wir oft nicht spontan reagieren. Die dann entstehende Pause verstärkt sogar die Wirkung des Angriffs. Ein Zuhörer würde das leicht als eine nonverbale Bestätigung des Angriffs bewerten.

Schlagfertigkeit bewundern wir meist bei anderen, weil wir sie selbst nicht haben. Aber was uns nicht als Talent mitgegeben ist, können wir lernen. Dazu gibt es Literatur von Trainern und Videobeispiele im Internet. Den Studenten macht das viel Spaß, denn auch diese Fertigkeit lässt sich beruflich und privat einsetzen. Mir gefällt eine Lernsituation, bei der die Studenten Spaß haben, weil sie dann spielerisch lernen. Das ist effektiver als angestrengtes Pauken. Das, was wir lernen wollen, geht einfacher in den Kopf, als das, was wir lernen sollen.

Ein sehr einfacher Trick, dem angreifenden Gegner den Wind aus den Segeln zu nehmen, ist die Uminterpretierung. Wir hören den Angriff und wissen sofort, wie er uns treffen will. Die Wirkung trifft emotional. Das macht uns sprachlos.

Diese automatische Blockade ist lösbar. Es bedarf allerdings eines regelmäßigen Trainings. Bei dem Kniff mit der Uminterpretierung liegt der Weg darin, den Bedeutungsinhalt der angreifenden Phrase auszutauschen.

Wenn jemand sagt: *„Herr Maier, das Produkt ihrer Firma ist unverschämt teuer. Das werde ich nie kaufen."* dann könnten Sie die folgende Antwort retour geben: *„Wenn sie meinen, dass Qualität einen höheren Preis hat, dann stimme ich Ihnen zu. Sie haben recht! Wir liefern eine Qualität, die ihren Preis wert ist."*

Mehrere Studenten haben mir später gesagt, dass sie das zu Hause weitergeübt haben. Sie meinten, dass es sehr motivierend sei, auf einen Angriff die passende Antwort zu suchen, wenn man den Weg kennt.

e. Nutzenargumentation

Die Fokussierung auf den Nutzen eines Arguments für den Verhandlungspartner ist ein grundlegendes Element bei Verhandlungen. Kunden kaufen nur, wenn sie einen Vorteil für sich erkennen können. Das habe ich bereits im Abschnitt über die allgemeinen Grundlagen für Verkaufsgespräche erläutert.

Dieses Prinzip ist auch die Grundlage des Harvard-Konzepts. Das Harvard-Konzept ist das wissenschaftliche Ergebnis des Harvard-Negotiation-Projekts zu Verhandlungsstrategien aus dem Jahr 1981. Seitdem hat es sich weltweit als effektive Strategie für Verhandlungen etabliert.

Ziel dieses Konzepts ist es idealerweise, mit einer Nutzenargumentation eine Win-Win-Situation herbeizuführen. Es geht darum, dass der Käufer durch die Gesprächsführung des Verkäufers Vorteile für eine Kaufentscheidung für sich ausmachen kann. Der Verkäufer profitiert nur, wenn der Käufer profitiert.

Das entscheidende Element der Harvard-Technik ist, das Gespräch nicht auf der Selbstkundgabe-Ebene fortzuführen, auf der der Gesprächspartner seine Position festlegt. Mit Fragen ist zu klären, welche Interessen die Position begründen. Und dann müssen diese Interessen verhandelt werden. Hierzu ein Beispiel aus dem Beziehungsalltag mit unserem Lebenspartner:

Sie wollen den nächsten Urlaub in X verbringen. Die Position ihres Partners ist, dass ein Urlaub in Y die perfekte Wahl ist. Bestehen Sie jetzt nicht auf Ihrer Position. Hinterfragen Sie lieber, warum der Partner seine Position bezogen hat. Wenn der Partner Interessen benennt, gleichen Sie die mit Ihren Interessen ab und machen Sie einen Vorschlag für einen Urlaubsort, der Ihre

Interessen und die des Partners abdeckt. Es sollte dem Partner leicht fallen zuzustimmen, denn sie einigen sich ja nicht auf einen Kompromiss. Keiner muss bei seinen Interessen zurückstecken. Jeder kommt auf seine Kosten, nur eben an einem anderen Ort. Hierzu gibt es unendlich viele Möglichkeiten für Geprächstrainings. Und die Lernenden machen begeistert mit. Je nach Fortschritt lassen sich die Trainings mit weiteren Elementen verfeinern:

- Für die zu verhandelnden Parameter sollen möglichst objektive Beurteilungskriterien gefunden werden.
- Damit die Gespräche nicht in einer Sackgasse enden, sind rechtzeitig neue Verhandlungsoptionen und Wahlalternativen zu entwickeln.
- Unfaire Praktiken sind unbedingt und ohne Vorwurf anzusprechen, damit niemand unter Druck gesetzt wird.

Ein Problemfeld für die Nutzenargumentation sind generische Märkte. Da, wo sich die Produkte eines Anbieters nicht oder nur marginal von den Produkten der Mitbewerber unterscheiden, wird es schwierig, aus einer Produkteigenschaft einen Nutzen abzuleiten, der die Bedürfnisse eines Kunden besser als das Produkt der Konkurrenz anspricht.

Kaufentscheidungen auf generischen Märkten werden von Preisnachlässen, verbesserten Lieferkonditionen oder besonderen Serviceleistungen bestimmt. In einer solchen Wettbewerbssituation, wo man sich nicht mehr auf die Produktqualität verlassen kann, ist die Arbeit von Marketing und Vertrieb enorm wichtig. Jetzt werden eine hohe Leistungsmotivation, Frustresistenz, Hartnäckigkeit und vor allem eine hohe Abschlusssicherheit „lebenswichtig".

Die Gesprächsplanung muss in schwierigen Märkten noch genauer werden. Der Verkäufer darf keine Information, die zum

Verkauf führen kann, übersehen. Die bisherige Gesprächsführung ist auf Mängel zu prüfen. Da helfen auch gemeinsame Kundentermine mit einem evaluierenden Kollegen. Der muss sehr auf unbewusste Vermeidungsstrategien achten. Die schleichen sich ein, wenn der Käufer selbst nicht so ganz von seinem Produkt überzeugt ist oder ihn die schwierige Marktsituation emotional belastet.

Wenn wirkliche Vorteile nicht mehr die Ratio ansprechen und auch die Bedürfnisbefriedigung mit Serviceleistungen nicht mehr motiviert, dann rücken Emotionen in den Vordergrund. Die Kundenbeziehung wird zum Mittelpunkt, um den Leidensdruck weiterzugeben oder ein vorhandenes Helfersyndrom einzufordern. Die Penetranz steigt. Die Sprache wird direkter und die Appell-Ebene gewinnt bei der Kommunikation an Bedeutung. Auch nervende Verkäufer können erfolgreich sein.

Eine solche Vorgehensweise ist damit zu rechtfertigen, dass der wirtschaftliche Erfolg des ganzen Unternehmens vom Erfolg der Verkäufer abhängt. Kritische Marktphasen können die Existenz einer Firma bedrohen, mit wirtschaftlichen Konsequenzen für die Anteilseigner und sozialen Konsequenzen für die Mitarbeiter und ihre Familien.

f. Ausgewählte Anwendungssituationen
▶ **Die Kaltakquise**
Die Kaltakquise ist eine Methode aus dem Geschäft mit Geschäftskunden (B-to-B-Business), die per Telefon versucht, ein Verkaufsgespräch zu führen. Dazu werden Listen potenzieller Kunden abtelefoniert. Die Kunden sind den Verkäufern persönlich unbekannt. Man spricht auch von blinder Akquise. Für viele Unternehmen ist diese Methode der Neukundenwerbung ein wichtiges Marketinginstrument im Kommunikations-Mix.

Bei den meisten Verkäufern ist das kalte Akquirieren unbeliebt. Die Ablehnung ist bei den angerufenen Kunden hoch. Sie brauchen ja nur ein Gespräch zu verweigern und aufzulegen. Deswegen ist auch der Frustfaktor bei den Verkäufern hoch. Das schlägt leider oft mit unbewussten Vermeidungsstrategien auf die Gesprachsführung durch.

Ein typischer Gesprächseinstieg ist: *„Guten Tag. Ich bin Herr Maier von der Firma XY. Haben Sie etwas Zeit für mich?"* Bei einem Einstieg mit einer geschlossenen Frage, die ein Nein zulässt, schmeiße ich mich selber raus. Man spürt richtig zwischen den Zeilen das innere Unbehagen des Verkäufers, dem Angerufenen die kostbare Arbeitszeit zu stehlen. Die Frage lädt den Angerufenen ein, sich sehr beschäftigt zu zeigen und die Frage zu verneinen. Der Anrufer legt dem Angerufenen quasi eine ablehnende Antwort in den Mund.

Wenn der Angerufene spontan ablehnt, ist diese reflexartige Reaktion ein Hinweis darauf, dass die Ablehnung nicht auf der Sach-Ebene erfolgt. Eine Reaktion auf der Sach-Ebene erfordert Nachdenken. Es braucht einen Augenblick, die Ratio anzuwerfen und einen Entscheidungsprozess durchzugehen.

Im Gegensatz dazu sind reflexartige Reaktionen automatisch und unter Umgehung des Bewusstseins möglich. Schnelle Reaktionen sind im Gehirn nur dem limbischen System möglich. Dort werden unsere Emotionen generiert.

Es wäre für eine erfolgreiche Gesprächseröffnung viel besser, wenn ich statt einer reflexartigen Ablehnung eine reflexartige Zustimmung zu einem Gespräch bekäme. Dazu ist der Spieß umzudrehen und der Kunde auf der Beziehungsebene anzusprechen.

Offene Fragen sind dafür geeignet, weil sie den Gefragten auffordern, die Frage zu beantworten, bevor er selber einen Gesprächspunkt setzt. Außerdem sind Fragen immer eine Möglichkeit, etwas über die eigene aktuelle Befindlichkeit zur Antwort zuzugeben. Damit liegt das Gespräch auf der Beziehungs-Ebene, und der Anrufer bekommt Informationen, die ihm helfen, den Angerufenen einzuschätzen und das obendrein für den Gesprächsfortschritt zu nutzen.

Ein guter Gesprächseinstieg könnte so lauten: *„Frau Maier, ich wünsche Ihnen einen guten Tag. Ich bin Herr Schmitt von der Firma XY. Frau Maier, darf ich sofort zur Sache kommen?"* *„Äh ja, Herr Maier. Guten Tag. Worum geht es denn?"*

Jetzt bin ich drin. Die Frage hat zwar geschlossenen Charakter, aber der Einschub sofort macht einen großen Unterschied, weil selbst ein Nein das Gespräch nur vorübegehend beenden würde und die Option für ein späteres Gespräch offen hielte. Bei einem Nein müsste der Gefragte erklären, wann er statt sofort stattdessen das Gespräch führen möchte. Das würde die Angelegenheit komplizieren, was eine Beantwortung mit Ja wahrscheinlich macht.

Außerdem spiele ich bei diesem Einstieg mit offenen Karten. Ich liefere die wichtigen Informationen über meine Person und mein Anliegen. Außerdem mache ich deutlich, hier ist ein Anrufer, der gleich zum Kern seines Anliegens kommt, jemand also, der einem Angerufenen wenig Zeit nimmt.

Das ist ganz im Interesse des Angerufenen. Das ist ihm ein Bedürfnis. Es ist immer wichtig, auf das Interesse eines potenziellen Käufers abzuheben. Wenn es dann noch gelingt, aus meinem Anliegen einen Nutzen für den Kunden zu formulieren, steigen meine Erfolgsaussichten.

Die Studenten müssen hier erkennen, dass eine gute Vorbereitung notwendig ist, um sich nicht selbst „abzuschießen". Der Verkäufer hat nur wenige Sekunden Zeit, um vom häufig sehr beschäftigten oder gar gestressten Kunden die Erlaubnis zu bekommen, sich präsentieren zu dürfen. Da bleibt wenig Zeit für überlegtes Handeln.

Es muss vor dem Anruf bereits jeder Satz und jede Reaktionsmöglichkeit auf einen Einwand festgelegt sein. Das braucht einen strategischen aber eben noch hypothetischen Gesprächsverlaufsplan.

Zusammenfassend sollen die Studenten Folgendes lernen:
- Seien Sie direkt und ehrlich. Das schafft Vertrauen.
- Kommen Sie ohne Umwege zum Kern ihres Anliegens. Das spart Zeit und liegt im Interesse eines stark zeitlich beanspruchten Kunden.
- Nutzen Sie die Beziehungs-Ebene für Ihr Anliegen, um auf das Interesse des Kunden ausgerichtet zu formulieren.
- Vor dem Gespräch kommt eine Gesprächsplanung – immer.

▶ **Ausgewählte Anwendungssituationen**
Messegespräche
Industriemessen bieten Unternehmen die Gelegenheit, sich und ihre Produkte zu präsentieren. Organisiert werden sie von den Marketingabteilungen im Kommunikations-Mix. Durchgeführt werden sie vom Vertrieb. Am Messestand einer Firma können deren Produkte gezeigt und Interessenten angesprochen werden. Diese Situation kann man leicht im Unterricht mit Rollenspielen simulieren. Das ist eine gute Gelegenheit für das Training von Verkaufsgesprächen.

Eine Person, die sich die ausgestellten Produkte ansieht, muss angesprochen werden. Es beginnt ein kurzer Small-Talk. Zeigt sich die Person gesprächsbereit, kann man einen Kaffee anbieten, Visitenkarten austauschen, die eigene Firma vorstellen, den Interessenten befragen usw.

Nach dem Gespräch ist vor dem Gespräch. Dieser Spruch hat seine Berechtigung, weil der erste Kontakt nur ein „Warmlaufen" war. Nach diesem Erstkontakt sind Notizen zum fachlichen Teil des geführten Gesprächs anzufertigen, denn spätestens nach der Messe sind diese Informationen wichtig, um den Kontakt aufrechtzuerhalten und zu vertiefen. Wir müssen ja erst noch unser Produkt verkaufen. Es ist sinnvoll, Prospektmaterial zu verschicken und ein paar Tage später die Telefonnummer auf der Visitenkarte für einen Anruf zu nutzen, um den auf der Messe hergestellten Kontakt auszubauen.

Nach der Messe ist die beste Zeit, um zu einem Geschäftsabschluss zu kommen, weil Käufer sich auf einer Messe erst mal unverbindlich informieren wollen. Dann wollen sie ihre Informationen mit den Kollegen der Einkaufsabteilung auswerten und mit den Informationen von anderen Anbietern vergleichen.

Den Prozess der Analyse und Meinungsbildung will ein Verkäufer natürlich begleiten, auch, um in seinem Sinne intervenieren zu können. Ein Verkäufer muss nach einem ersten Kontakt unbedingt am Ball bleiben.

Das erfordert Sensibilität, denn wir wollen den Kunden nicht vergraulen. Das erfordert subtile Hartnäckigkeit, um nicht den Faden zu verlieren. Und je nach Charaktertyp des Kunden erfordert das gegebenfalls auch den Mut zur Penetranz. Es reicht nicht, eine Welle zu machen und zu beeindrucken. Am Ende zählt nur der Erfolg im Abschluss einer Bestellung.

Ein realer Messebesuch ist der Höhepunkt des Semesters. Die allgemeinen Grundlagen für Marketing und Vertrieb sowie die unzähligen Sprechtrainings bereiten dieses Ereignis vor. Für das Messethema selbst nutze ich im Lehrbuch „Wirtschaftskommunikation Deutsch" die Kapitel „Einen Messebesuch planen" und „Messegespräche führen". Das Messethema wird hier sehr umfassend und mit praxisnahen Übungen ausgebreitet.

Danach besuchen wir eine der vielen Industriemessen im Kaohsiung Exhibition Center. Dort können sich die Studenten über die Leistungen der Aussteller informieren. Sie sollen aber auch ihre eigene berufliche Orientierung fortsetzen und Messeteilnehmer nach ihren Erfahrungen in Marketing und Vertrieb befragen. Die Ergebnisse präsentiert jeder Student später ganz formal im Kurs.

Fazit
Ein wirtschaftlicher Schwerpunkt verbessert die Jobaussichten am Arbeitsmarkt. Das macht nicht immer zusätzlichen Unterricht notwendig. Oft sind lediglich die herkömmlichen Themen im Sprachunterricht gegen Wirtschaftsthemen auszutauschen. Geeignet sind besonders Vertriebssituationen, in denen die mündliche Kommunikation im Mittelpunkt steht. Verkaufsgespräche, Bürokommunikation oder Produktpräsentationen lassen sich in Übungen und Rollenspielen in der im allgemeinen Sprachunterricht gewohnten Art und Weise durchführen. Dieser Synergismus ist bequem. Dadurch kann gleichzeitig eine Fremdsprache und z. B. Internationaler Handel gelehrt werden.

Literaturverzeichnis:
Altmann, Hans-Christian (2000): Jeder kann Sieger werden: mi verlag moderne industrie.
Armstrong, Gary (2017): Marketing – An Introduction: Pearson Verlag, 13th Edition.
Benin, Karl (2012): Schwierige Gespräche führen: rororo Verlag
Meffert, Heribert: (2014): Marketing: Grundlagen marktorientierter Unternehmensführung.
Konzepte – Instrumente – Praxisbeispiele: Springer Gabler Verlag, 12. Auflage.

Odendahl, Wolfgang: Kommunikation und Verhandeln auf
Deutsch: Verlag 翠柏林企業有限公司.

Pöhm, Matthias (2002): Das NonPlusUltra der Schlagfertigkeit: mvg Verlag.

Lehrwerkverzeichnis:

Braunert, Jörg (2005): Unternehmen Deutsch – Aufbaukurs
B1-B2, Kursbuch Stuttgart: Klett Verlag.

Eismann, Volker (2010): Training berufliche Kommunikation:
B1/B2 – Erfolgreich in der geschäftlichen Korrespondenz: Kursbuch. Berlin, Cornelsen.

Eismann, Volker (2013): Wirtschaftskommunikation Deutsch
NEU, Kursbuch, Stuttgart, Klett Verlag.

Fügert, Nadja et. al. (2016): DaF im Unternehmen B1,
Kursbuch, Stuttgart, Klett Verlag.

Guenat, Graziella, Hartmann, Peter (2010): Deutsch für das
Berufsleben B1, Kursbuch, Stuttgart, Klett Verlag.

Praxis im Mittelpunkt – Ein Beispiel für ein kompetenzorientiertes Curriculum für den berufsbezogenen DaF-Unterricht in Taiwan

Ingo Tamm

Abstract

Der berufsbezogene DaF-Unterricht wird in Taiwan immer mehr zu einem wichtigen Bestandteil des Deutschunterrichts, weil SprachstudentInnen mit breiten Deutschkenntnissen heute häufig auf der Suche nach einer Karriere in der Wirtschaft sind. Der Aufbau des DaF-Unterrichts sollte sich daher an den praktischen Erfordernissen des späteren Berufslebens von StudentInnen orientieren. Um dieses Ziel zu erreichen, ist es erforderlich, an den Germanistikabteilungen in Taiwan ein spezielles kompenz-orientiertes Curriculum für einen berufsorientierten DaF-Unterricht einzuführen, das in Bezug auf Sprachniveau und der Anzahl der Unterrichtseinheiten den Vorgaben des Gemeinsamen Europäischen Referenzrahmens für Sprachen (GER) entspricht. Im Mittelpunkt des Beitrages steht daher die Darstellung und Analyse eines kompetenz- und handlungsorientierten Studienplans, der vor 15 Jahren speziell für die berufsbezogenene Vermittlung der deutschen Sprache an der Wenzao Ursuline University of Languages in Kaohsiung konzipiert wurde. Dabei richtet sich der Blick auf den Studienaufbau, die Zahl der Unterrichtseinheiten, geplante Unterrichtsinhalte, Lernziele, Unterrichtsmethoden, Unterrichtssprache und nicht zuletzt auf die in den Kursen verwendeten Lehrwerke. Im Ausblick werden neben einer kritischen Reflektion des Studienprogramms Alternativen aufgezeigt, um das am GER orientierte Curriculum im

Sinne einer verstärkten Praxis- und Kompetenzorientierung kontinuierlich weiterentwickeln zu können.

Keywords: Curriculum, Wirtschaftsdeutsch, Lehrplan, Kompetenzorientierung, Lernziele

注重實踐－以職業能力導向的德語課程教學－台灣的一個實例

摘要
在台灣，與職業相關的德語教學(DaF)在德語教育中成為越來越重要的部分，因為越來越多具有廣泛德語能力的學生傾向於在商業範疇中尋找職業。因此，DaF 教學的發展應該基於學生未來職業生涯的實際要求。為了達到這一目標，在台灣的德語學系引進以職業能力特殊導向的德語教學課程是必要的。此一課程需相當於歐洲語言學習的共同參考框架(GER)所規範的語言水準及課程數量的要求。本文內容即著重於介紹和分析文藻外語大學在 15 年前即開始為德語系學生設計以職業引導的能力及行動導向教學課程。文中重點在於課程結構、課程數量、課程計劃內容、學習目標、教學方法、教學語言，以及課程中使用的教材。在對學習計劃的批判反思的同時，進而發展出替代方案，以期強化實踐與能力取向的 GER 導向的課程規劃能持續性的發展。

關鍵詞：課程、商務德語、教學計劃、能力導向、學習目標

1. Einleitung

„Deutsch für den Beruf" als eigenständiges Lehrgebiet fand in Taiwan seit den 1990er Jahren im Rahmen der fortschreitenden Globalisierung Eingang in den DaF-Unterricht und konnte sich seit der Jahrtausendwende zu einem etablierten Modul von Studienprogrammen an den universitären und außeruniversitären Institutionen entwickeln. Das wirtschaftliche und technologische Wachstum in Taiwan – verbunden mit einem Anstieg der Niederlassungen deutscher Firmen in Taiwan – eröffnete den Absolventen der Germanistikabteilungen in Taiwan neue Arbeitsfelder mit einem veränderten Berufsbild. AbsolventInnen germanistischer Studiengänge verdienen ihren Lebensunterhalt immer weniger als DolmetscherInnen und ÜbersetzerInnen oder HochschullehrerInnen, sondern sind zunehmend als SekretärInnen, SachbearbeiterInnen, ChefassistentInnen usw. in taiwanischen Unternehmen mit Deutschlandbezug oder im Hotelwesen und anderen Bereichen der Touristikbranche beschäftigt. In diesen Berufen sind sie mit einem veränderten Anforderungsprofil konfrontiert, auf das sie in den mehrheitlich traditionell ausgerichteten Germanistikstudiengängen Taiwans mit ihren Schwerpunkten auf Literatur, Linguistik und Landeskunde nur unzureichend vorbereitet werden. (zur Situation in China vgl. Zhao, 1996)

Angesichts dieser Veränderungen fand in Taiwan eine Diskussion darüber statt, ob und in welcher Form Module für den berufsbezogenen DaF-Unterricht in das Germanistikstudium integriert werden sollten. Einige Germanistikinstitute haben schon vor zwanzig Jahren auf diese Debatte reagiert und wie beispielsweise die Fremdsprachenhochschule in Wenzao 1999 berufsbezogene Kurse in das Germanistikstudium integriert.

2. Forschungssituation

Erst in den vergangenen Jahren ist der berufsorientierte Erst- als auch Zweitsprachenunterricht in den deutschsprachigen Ländern zum Forschungsgegenstand geworden (vgl. Efing, 2015; Efing/ Kiefer, 2017; Kiefer, Efing, Jung & Middeke, 2014). So existieren gegenwärtig keine rein berufssprachlichen Curricula für den DaF-Unterricht. Diese Lücke läßt sich damit erklären, dass ihnen eine eigenständige Existenz weitgehend abgesprochen wird (vgl. Funk 2001, 963), zumal keine enge Anbindung der Berufssprache mit der Fachsprache „Wirtschaftsdeutsch" vorausgesetzt wird. Die praktische Erfahrung im Berufsalltag zeigt jedoch, dass die Allgemeinsprache auch im berufsbezogenen DaF-Unterricht eine maßgebliche Rolle spielt. Erst mit fortlaufender Progression des berufsbezogenen Unterrichts tritt die Fachsprache „Wirtschaftsdeutsch" stärker in den Vordergrund. (vgl. Funk, 2001, 963)

Für die Situation des berufsbezogenen Unterrichts in Taiwan existieren derzeit keine Untersuchungen über Aufbau und Charakter von berufssprachlichen Modulen. Möglichkeiten und Formen einer Inklusion von wirtschaftsbezogenen DaF-Kursen in Studienprogramme der Germanistik werden in Taiwan von den Lehrenden der Germanistik-Fakultäten jedoch schon seit etwa 20 Jahren thematisiert.

Die vorliegende Arbeit versteht sich als ein Beitrag zu diesem Diskurs. Dabei geht es darum, am Beispiel der Wenzao Ursuline University ein Modell für einen kompetenzorientierten Modulaufbau im Bereich Deutsch für den Beruf aufzuzeigen. In diesem Zusammenhang erfolgt eine Vorstellung der Ziele und Lehrinhalte des berufsbezogenen Deutschunterrichts, um eine Einschätzung zu ermöglichen, welche Chancen dieses Fach den Absolventen bieten kann. Abschließend werden neue Perspektiven für einen curricularen Aufbau skizziert, um die Effektivität des Lernprozesses im berufsbezogenen DaF-Unterricht zu steigern.

3. Grundlagen der Entwicklung eines kompetenzorientierten Curriculums

Da laut Vogel (2016, 196) ein vorrangiges Ziel hochschulspezifischer Curricula die Vorbereitung von Studierenden auf eine zunehmend globale Berufswelt sein sollte, erscheint es dringend erforderlich, Studiengänge aufzubauen, die durch die inhaltliche und strukturelle Verknüpfung von Fremdsprachen mit fachlichen Kompetenzen dezidiert auf die Tätigkeit in bestimmten Berufsfeldern mit transnationalem Charakter vorbereiten sollten (Vogel 2016, 217). Vogel zufolge ist bei der Entwicklung von berufsbezogenen DaF-Curricula eine interdisziplinäre Kooperation mit Institutionen innerhalb (Fachdisziplinen) und außerhalb der Hochschule (Wirtschaft und Gesellschaft) erforderlich (Vogel, 2016, 196). Auf solchen Prämissen basiert auch der berufsvorbereitende Unterricht an der Wenzao Ursuline University.

3.1 Curriculum – Definition und Aufgaben

Der Begriff „Curriculum" stammt aus dem Lateinischen und heißt in der deutschen Übersetzung *„der Lauf, die Laufbahn oder der Wettlauf"*. Frey (1979) bezeichnet das Curriculum als eine systematische Beschreibung der anvisierten Unterrichtsziele, -inhalte und -methoden über einen bestimmten Zeitraum als „konsistentes System mit mehreren Bereichen zum Zweck der optimalen Vorbereitung, Verwirklichung und Evaluation des Unterrichts." Sequin führt die drei Aufgaben eines Curriculums an, die der offiziellen Definition der UNESCO entsprechen:

1. Absichten, Ziele und konkrete Aufgaben des Unterrichts
2. Methoden, Mittel und Aktivitäten zum Erreichen der Ziele

3. Vorgänge und Hilfsmittel für die Bewertung der Effektivität des Unterrichts (Sequin, 1991, 9)

Normalerweise erstellt jede Bildungseinrichtung in Taiwan ihr eigenes Curriculum, an dem sich die Lehrkräfte zu orientieren haben.

3.2 Bestandteile eines Curriculums
Im Folgenden werden die Bestandteile eines Curriculums angeführt:

1. Grundinformationen: Dieser Teil des Curriculums umfasst die Vorstellung der Bildungseinrichtung und die Hauptpunkte ihrer Arbeit. Dazu gehört auch ein Überblick über das Kursangebot.

2. Aufgabe des Kurses / Kursanforderungen: Hier folgt eine Beschreibung mit einer Begründung für den Sinn des Kurses und seiner Relevanz für die Teilnehmer.

3. Ziele: Die Ziele des Wirtschaftsdeutschkurses sollten entsprechend den Anforderungen des Berufslebens geplant werden. Die Erreichung von Kurszielen muss auch durch Prüfungen verifizierbar gemacht werden. Dazu ist ein Set von Bewertungsinstrumenten erforderlich.

4. Zielgruppe: Die Zielgruppen sind in den Fremdsprachenkursen sehr heterogen und stellen eine große Herausforderung für die Lehrer/-innen dar. Die Kriterien, nach denen die Kursteilnehmer differenziert werden können, sind bespielsweise Alter, Erfahrungen mit der Sprache, Interessen, Motivation, Lernmotivation und auch individuelle Zielvorstellungen.

5. Zeitplan: Der Zeitplan hat die Funktion, den Lehrstoff auf die einzelnen Unterrichtseinheiten zeitlich zu verteilen. In einem Zeitplan sollten die Dauer des Kurses, die Zahl der Unterrichtseinheiten und die wöchentliche Stundenzahl sowie die Kurszeit enthalten sein.

6. Themen und Lehrstoff: Die Themen des Kurses und die einzelnen Bestandteile des gelehrten Lehrstoffes hängen sehr eng mit der Aufgabe des Kurses und mit seinem Ziel zusammen. Wenn das Ziel deutlich wird, ist es einfacher, die passenden Materialien und Themen auszuwählen.

7. Methoden und Strategien: Die gewählten Methodensets wirken sich entscheidend auf das Lernergebnis aus. Die Auswahl und eine passende Nutzung der Unterrichts- und Lernstrategien beeinflussen das Outcome des Kurses entscheidend. Dabei ist die Zusammensetzung der Lernergruppe von zentraler Bedeutung. (Slabá, 2017, 31-32)

4 Lernziele, Ziele und konkrete Aufgaben des Unterrichts
Um die berufskommunikative Kompetenz der Lernenden zu fördern, ist die Erstellung eines besonderen Moduls unerlässlich. Als Modul im Bereich des berufsbezogenen DaF-Unterrichts läßt sich eine bestimmte Zahl von Unterrichtseinheiten (UE) bezeichnen, die erforderlich ist, um von einem Sprachniveau entsprechend dem Gemeinsamen Europäischen Referenzrahmen (GER) auf eine nächsthöhere Stufe zu gelangen und/oder um bestimmte berufs(feld)bezogene Sprachbausteine zu erwerben.

4.1 Die Messlatte:
Der europäische Referenzrahmen für Sprachen

Um beurteilen zu können, in welcher Phase des Fremdsprachen-
lernens der berufsbezogene Unterricht stärker fachsprachlich ausgerichtet werden soll, bietet es sich an, sich bei der Erstellung
eines Curriculums an den Niveaustufen des Gemeinsamen
Referenzrahmens für Sprachen (GER) zu richten. Als Argument
läßt sich zum einen anführen, dass der GER selbst Berufsbezug
einschließt, und zum anderen, dass er unter anderem als Basis für
die Entwicklung aller fremdsprachlichen Curricula dient. Funk
(1999, 68) unterscheidet drei Phasen, die bei einer theoretischen
Kursplanung auf der Grundlage des GER berücksichtigt werden
könnten. Die erste Phase (heutiges A-Niveau) definiert Funk als
„Grundlegung allgemeiner Kommunikationsfähigkeit", die
zweite Phase (heutiges B-Niveau) als „Grundlegung berufsbezogener sprachlicher Fertigkeiten" und die dritte und letzte
Phase (heutiges C-Niveau) als „Phase des berufsspezifischen
Fachsprachenerwerbs" (Funk 1999,68).

Im Hinblick auf Teilnehmer, die Deutsch außerhalb des Ziel-
sprachenlandes lernen und auf die sich der vorliegende Beitrag
bezieht, hebt Funk hervor, dass diese sich mehrheitlich nicht
gezielt auf fremdsprachliche Berufsanforderungen vorbereiten.
Dies wiederum hat zur Folge, dass in fortgeschrittenen berufsbezogenen DaF-Kursen außerhalb des deutschsprachigen Raums
Berufsorientierung grundsätzlich vor Fachorientierung stehen
muss (Funk, 2010, 1146). Daher erscheint Funks Konzept auf
eine berufsvorbereitende Hochschule für Fremdsprachen wie die
Wenzao Ursuline University anwendbar zu sein.

Der Gemeinsame Europäischen Referenzrahmen für Sprachen
(weiter als GER) bietet sich ferner als Orientierung an, um
Lernfortschritte zu messen und die für das jeweilige Sprachniveau

passenden Materialien für den Unterricht auszuwählen. Trim, North und Coste (2001,35) präsentieren mit dem Referenzrahmen einen klaren und kurzen Überblick der Kompetenzen der einzelnen Sprachstufen. Er ist in drei Hauptniveaus mit den Bezeichnungen A (elementare Sprachverwendung), B (selbstständige Sprachverwendung) und C (kompetente Sprachverwendung) unterteilt.

4.2 Kompetenzen

Ein zentrales Element eines Curriculums im Fach Wirtschaftsdeutsch sollte in der Entwicklung einer *berufsbezogenen, interkulturellen-kommunikativen Kompetenz* bestehen. Darunter ist die Förderung von Fertigkeiten und Fähigkeiten zu verstehen, die es dem Lerner ermöglichen, in öffentlichen, beruflichen und akademischen Situationen in kulturell unterschiedlichen Gesellschaften mit verbalen (gesprochenen und geschriebenen) und nonverbalen Elementen (z. B. Gestik, Mimik) sach- und fachgerecht sowie kulturangemessen zu agieren. (Slabá, 2017, 35-55)

Fachkompetenz beinhaltet die Fähigkeit und Motivation, berufsspezifische Aufgaben fachgerecht, selbstständig und eigenverantwortlich durchzuführen. Fachkompetenz umfasst Fachwissen und Fachkönnen, z. B. fachliche Aufgaben mit Unterstützung bestimmter Kommunikationsverfahren und Methoden zielorientiert zu bewältigen. (Zhdanova, 2014, 107)

Lernkompetenz bedeutet, Lehr- und Lernmittel, Lerntechniken und -strategien zielgerecht anzuwenden. Dazu gehören die Motivation und das Vermögen, mit dem Lehrer und mit anderen Studierenden im Unterricht zusammen zu arbeiten, außerdem unterschiedliche Lernaufgaben zu lösen. Dabei stehen die Lerner im Mittelpunkt eines Unterrichtsprogamm, das
  • ihrem bisherigem Leistungsniveau entspricht,

- ihre thematischen Interessen berücksichtigt,
- sich an unterschiedlichen Lernertypen (besonders dem visuellen Typ) ausrichtet,
- bei Prüfungen den Umfang des bisher vermittelten Lehrinhalts abdeckt. (Zhdanova, 2014, 107)

Unter *Methodenkompetenz* versteht man die Fertigkeiten und Fähigkeiten, Strategien bei der Bewältigung beruflicher Aufgaben und Probleme anzuwenden und sowohl die neuen Kenntnisse als auch die bereits angewandten Strategien auf andere Arbeitsbereiche zu übertragen (Zhdanova, 2014, 106-107).

5 Der berufsorientierte DaF- Unterricht am Wenzao Ursuline College of Languages

5.1 Wenzao Ursuline University of Languages als berufsvorbereitende Hochschule

Die Wenzao-Fremdsprachenuniversität wurde im Jahr 1966 als Oberschule für Mädchen gegründet und im Jahre 1999 vom Erziehungsministerium, als „Wenzao Ursuline College of Languages", also als akademische Einrichtung, geführt. Seit dieser Zeit sind drei Collegestufen hinzugekommen:

- Das zweijährige College für die Tagesschule, in der ausschließlich Absolventen des fünfjährigen College den Bachelorgrad erwerben können (1999)
- Das vierjährige berufsbegleitende College als Abendschule (1999)
- Das vierjährige College als Tagesschule für Absolventen von der High School und Berufsschule (2004)

Seit ihrer Einstufung als technische Universität im Jahre 2013 ist die Wenzao-Fremdsprachenuniversität in mehrere Fakultäten unterteilt. Für den Fremdsprachenbereich gibt es die „Fakultät für

Englisch und internationale Studien" und die „Fakultät für europäische und asiatische Sprachen", zu der auch die Deutschabteilung gehört.[1]

Im Hinblick auf die Erhöhung der beruflichen Chancen bietet die Wenzao-Fremdsprachenuniversität ihren Absolventen eine zweisprachige Ausbildung an. Die StudentInnen müssen außer Deutsch als Hauptfach grundsätzlich Englisch als Nebenfach belegen. Im fünfjährigen College besteht zudem die Möglichkeit, dass die StudentInnen der Englischabteilung auch Deutsch als Nebenfach wählen können.

Der Studiengang Deutsch wird an der Wenzao Ursuline University in das Grund- und Hauptstudium unterteilt. Im fünfjährigen Juniorcollege dauert das Grundstudium drei Jahre und im vierjährigen College und in der Abendschule jeweils zwei Jahre. Im Grundstudium werden vorwiegend Grundkenntnisse der deutschen Sprache vermittelt. Dies erfolgt durch Kurse in Leseverstehen, Grammatik, Hörverstehen und Aufsatz. Das Hauptstudium besteht aus fachbezogenen Kursen wie Kulturgeschichte, Landeskunde, Europäische Kultur und Literatur sowie Linguistik, Dolmetschen und Übersetzen. Zum Hauptstudium gehört auch das Kursangebot des berufsbezogenen DaF-Unterrichts. Die Schwerpunkte des Hauptstudiums sind in vier Bereiche unterteilt: Übersetzen, Kultur und Gesellschaft, Wirtschaft und Tourismus. Um die internationale Vergleichbarkeit von Deutschkenntnissen zu ermöglichen, müssen alle Studierenden der Tagesschule die extern vom Goethe-Instiut Taipei angebotene Prüfung Goethe Zertifikat B1 mit Erfolg bestehen.[2]

---

[1] Organizational chart. In: http://c041.wzu.edu.tw/category/146923 (eingesehen am 21.4.2019)

[2] Allgemeine Lernziele. In: http://c023.wzu.edu.tw/category/138848 (eingesehen am 21.4.2019)

Die Deutschabteilung bietet den Studierenden pro Semester Plätze für einen ein- oder zweisemestrigen Austausch mit den Partneruniversitäten Mainz, Leipzig und Eichstätt sowie der Westsächsischen Hochschule Zwickau und der Hochschule Konstanz für Technik, Wirtschaft und Gestaltung an. Mit der Hochschule Konstanz sowie der Westsächsischen Hochschule Zwickau gibt es zudem Abkommen für einen Doppel-bachelorabschluss, an dem Studenten des zweijährigen und des vierjährigen College teilnehmen können. Studienschwerpunkte für das Hauptstudium in Konstanz sind Wirtschaft und Tourismus.[3]

5.2 Der berufsbezogene DaF-Unterricht an der Wenzao-Fremdsprachenuniversität

Der berufsbezogene Deutschunterricht an der Wenzao-Universität existiert seit längerer Zeit. 1999 wurde bereits ein Business-German-Curriculum für das Junior College, ein Aufbaumodul für das Zwei-Jahres-College und 2003 ein Modul für das Vier-Jahres-College entwickelt. Der mit „Wirtschaftsdeutsch" bezeichnete berufsbezogene DaF-Unterricht ist an der Wenzao Ursuline University ein Wahlfachangebot. Ferner existiert an der Abendschule ein berufsorientiertes Kursangebot. (Tamm/Feder, 2005, 159-160)

5.2.1 Praktika

Die Studenten des vierjährigen und zweijährigen College sind verpflichtet, Praktika von unterschiedlicher Dauer in einem Unternehmen oder einer öffentlichen Einrichtung zu absolvieren. Dabei lassen sich verschiedene Praktikaformen unterscheiden, für

---

[3] Schulpartnerschaften. In: http://c023.wzu.edu.tw/category/138907# (eingesehen am 21.4.2019)

die jeweils eine unterschiedliche Anzahl von Credits vergeben werden.

In dem vierjährigen College absolvieren die StudentInnen in den Semesterferien im vierten Studienjahr normalerweise ein Kurzpraktikum, das aber nach Bedarf auch während der ersten drei Studienjahre durchgeführt werden kann. Im Rahmen eines verpflichtenden ein- oder zweiwöchigen „Schnupperpraktikums" (Job shadowing) mit 36 bzw. 72 Stunden Arbeitszeit wird der Alltag in einem Unternehmen beobachtet. Dafür erhalten die Lernenden jeweils ein oder zwei Credits.

Außer dem Schnupperpraktikum müssen die StudentInnen entweder während der Semesterferien im vierten Studienjahr ein vier- bzw. achtwöchiges Betriebspraktikum im Inland für zwei bzw. vier Credits (ein Credit für 80 Stunden) durchlaufen (160 bzw. 320 Arbeitsstunden). Eine Alternative hierzu bildet ein ein- bis vierwöchiges Praktikum im deutschsprachigen Ausland mit jeweils 1 bis 4 Credits (1 Credit pro 36 Stunden).

StudentInnen des fünfjährigen College sind vom Pflichtpraktikum befreit. Sie können aber im fünften Studienjahr wahlweise analog zu den StudentInnen des vierjährigen College an diesen Kurzpraktika teilnehmen. Die StudentInnen des zweijähren College müssen im letzten Studienjahr ein viermonatiges Semesterpraktikum (15 Wochen und 15 Credits) in einem Unternehmen oder einer öffentlichen Einrichtung absolvieren. Sie können dies entweder im Inland oder im Ausland ableisten.[4] Die Wenzao Ursuline University hat bereits mit privaten Unternehmen und öffentlichen Einrichtungen in Deutschland, der Schweiz und Österreich Kontakte aufgebaut, um StudentInnen mit guten Deutschkenntnissen einen solchen Praktikumsaufenthalt zu ermöglichen. (Tamm/Feder, 2005, 157-159)

---

[4] Praktika der Deutschabteilung. In:
http://c023.wzu.edu.tw/category/148432 (eingesehen am 27.10.2019)

5.2.2 Berufsbezogene Online-Prüfung: Der Goethe-Test PRO

An der Wenzao-Fremdsprachenuniversität wird als Nachfolgetest von BULATS der Goethe-Test PRO als berufsbezogene Online-Prüfung angeboten. Der Goethe-Test PRO ist ein computerbasierter Sprachleistungstest, der Lese- und Hörverständnis, Grammatik und Vokabular prüft und 60 – 90 Minuten dauert. Das Sprachniveau wird mithilfe der adaptiven Test-Methode ermittelt. Das heisst, das Level passt sich immer an die Antwort der vorherigen Frage an. Die Testresultate werden gemäss dem Gemeinsamen Europäischen Referenzrahmen (GER) für Sprachen ausgewiesen. Der Goethe-Test PRO eignet sich:

1. um sich für einen passenden Deutschkurs einzuschreiben
2. um sich für eine Arbeitsstelle zu bewerben
3. um sich im Unternehmen einen Wettbewerbsvorteil zu verschaffen[5]

5.2.3 Lernziele, Lehrinhalte und Lehrmaterial in berufsbezogenen Deutschkursen an der Wenzao-Fremdsprachenuniversität

Ziele und Aufgaben des berufsorientierten DaF-Unterrichts lassen sich dem Syllabus entnehmen, der für jedes Studiensemester erstellt wird. Das zweijährige College strebt Kompetenzen auf dem Niveau von B2 an. (Tamm/Feder, 2005, 161)

---

[5] Goethe Test Pro: Deutsch für den Beruf. In: https://www.goethe.de/de/spr/kup/prf/prf/bul.html (eingesehen am 27.7.2019)

• Das fünfjährige Junior College

Deutsch für den Beruf im Juniorcollege ist Bestandteil des Hauptstudiums im vierten und fünften Studienjahr, das im wesentlichen aus Fachkursen wie Literatur, Tourismus usw. besteht. In diese Kategorie fällt auch der berufsbezogene Fachunterricht in „Wirtschaftsdeutsch", der mit Ausnahme eines Teils des Abendschulangebots als Wahlkurs angeboten wird.

Tabelle 1: Das Curriculum für das Junior College (4. und 5. Jahr)

Jahrgang/ Kursname	Lernziele	Lehrmaterial	UE[6]
XG4 „Wirtschaftsdeutsch" – einführender Kurs	Einstieg in die Kommunikation für den Beruf	„Deutsch für das Berufsleben", „Unternehmen Deutsch B1 und B2"	36 (Doppelstunde mit je 50 Minuten)
XG5 Deutsch für den Beruf und Handelskorrespondenz	Fortgeschrittene Kommunikationskompetenz im Berufsumfeld in dt. Sprache	„Geschäftskommunikation – Besser schreiben", „Erfolgreich in der geschäftlichen Korrespondenz"	36 (Doppelstunde mit je 50 Minuten)

Viertes Jahr

Im vierten Studienjahr erhalten die StudentInnen im Kurs „Wirtschaftsdeutsch" eine Einführung in das berufsbezogene Deutsch. Als Hauptlernziel steht die Kommunikationsfähigkeit am Arbeitsplatz im Mittelpunkt. Die Lerner sollten ihre Bedürfnisse am Arbeitsplatz und auf Geschäftsreisen artikulieren können. Als zusätzliche Kompetenzen werden Übersetzungstechniken

---

[6] UE: Unterrichtseinheiten

genannt. Hinzu kommt ein Fachwortschatztraining im Handel und der Geschäftswelt. Ferner stehen die Bearbeitung umweltspezifischer Themen auf dem Programm. Der Kurs beinhaltet auch die Vermittlung von „Fachwissen und Fachtermini für Wirtschaftsdeutsch, insbesondere im Bereich des Handels." Darunter fallen beispielsweise: Kundenempfang, Einführung in die berufliche Lebenswelt, Produktvorstellung, Telefontraining, Unternehmensethik (z. B. Höflichkeitsformen, Benehmen). Beim Fachwortschatz steht das Training der Nutzung von Nachschlagewerken im Mittelpunkt.

Voraussetzung für eine Kursteilnahme sind Deutschkenntnisse auf dem Niveau A2 des europäischen Referenzrahmens. Als Unterrichtssprache wird ausschließlich Deutsch angestrebt. Bedingungen für eine Kursteilnahme sind „grundlegende Kenntnisse der deutschen Sprache" sowie ein „grundlegendes Interesse an wirtschaftlichen und geschäftlichen Themenfeldern". Die Dauer des Kurses mit 2 Wochenstunden (2 Credits) beläuft sich auf 36 UE pro Jahr (72 Stunden pro Jahr) (siehe Tabelle 1). Als Lehrbuch dient „Deutsch für das Berufsleben" vom Klett Verlag. Als zusätzliches Unterrichtsmaterial wird das ebenfalls vom Klett Verlag herausgegebene Lehrwerk „Unternehmen Deutsch B1 und B2" angegeben. (Vgl. Syllabus Commercial German XG4)

Fünftes Jahr

Das Ausbildungsziel des Kurses „Handelskorrespondenz" mit zwei Stunden pro Woche (2 Credits) und einer Gesamtdauer von 36 UE (72 Stunden) besteht in der „Vertiefung von Wirtschaftskommunikation in schriftlicher, aber auch in der mündlichen Form". Als Kernkompetenz steht das grammatisch und stilistisch korrekte Verfassen von geschäftlicher Korrespondenz im Mittelpunkt. Dazu zählen beispielsweise das Entwerfen von Geschäftsbriefen, einschließlich Anfragen, Bestellungen und

Lieferbestätigungen sowie Rechnungen. Ferner soll ein grundlegendes Verständnis von Geschäftsabläufen und Zahlungsmodalitäten vermittelt werden. Darüber hinaus zielt der Unterricht darauf ab, StudentInnen mit Umgangsformen in der Wirtschaft vertraut zu machen. Ferner wird eine Erweiterung des Fachwortschatzes angestrebt. Kompetenzen wie Organisationsfähigkeiten, Problemlösungsstrategien sowie die Analyse, das Zusammenfassen und das Präsentieren von Sachthemen sollen gestärkt werden. (Vgl. Syllabus German Business Writing XG5) Als Unterrichtsform wird einerseits der klassische Frontalunterricht präferiert, andererseits soll das Lernen durch praktische Erfahrung die Lernerautonomie stärken. Das Leistungsniveau im vierten und fünften Jahr entspricht der B1 Stufe (Europäischer Referenzrahmen für Sprachen). Als Lehrwerk dient das im Hueber Verlag erschienene Lehrbuch „Geschäftskommunikation". Hinzu kommt das ebenfalls im Hueber Verlag herausgegebene und von Rudolf Sachs gestaltete Unterrichtswerk „Deutsche Handelskorrespondenz – Der Schriftwechsel im Import und Export" – sowie die von Volker Eismann bearbeitete und im Cornelsen Verlag herausgegebene Abhandlung „Erfolgreich in der geschäftlichen Korrespondenz". Zur Vermittlung der Grundlagen des internationalen Handels wird das Lehrwerk „Außenhandel – Kompendium der praktischen Betriebswirtschaft" von Fritz Ulrich Jahrmann empfohlen. (Vgl. Syllabus German Business Writing XG5)

Das zweijährige College

Tabelle 2: Das Curriculum für das zweijährige College (1. und 2. Jahr)

Jahrgang/ Kursname	Lernziele	Lehrmaterial	UE
YG3 Geschäfts-deutsch	Vertiefende Wirtschafts-kommunikation auf Deutsch	Eigene Materialien	72 (zwei Doppel-stunden mit je 50 Minuten)
YG4 Handels-korrespon-denz	Vertiefung der Kenntnisse über internationale Geschäftsabläufe, Kompetenz in der professionellen Geschäftskom-munikation	„Unternehmen Deutsch B1 und B2"	36 (Doppel-stunde mit je 50 Minuten)

Erstes Jahr

Das Curriculum im zweijährigen College baut auf dem Stoff im Junior College auf. Der weitaus überwiegende Teil der Student-Innen, die das zweijährige College besuchen, haben bereits das fünfjährige College von Wenzao absolviert und meistens auch schon Erfahrungen mit berufsbezogenem Deutschunterricht. Im ersten Jahr des zweijährigen College wird im Kurs „Geschäfts-deutsch" die Kompetenz von Wenzao-StudentInnen in der profes-sionellen Geschäftskommunikation als Vertiefung von „Wirtschaftskommunikation" weiter ausgebaut. Der mit vier Stunden pro Woche, also insgesamt 144 Stunden (72 UE) pro Jahr angesetzte Kurs „Wirtschaftsdeutsch" (siehe Tabelle 2) soll die StudentInnen mit Arbeitsabläufen im beruflichen Alltag vertraut machen. Als weitere Fähigkeit auf dem Feld Tourismus tritt die Planung und Realisierung von Reiseführungen hinzu. Ferner sollen die StudentInnen im Unterricht Kenntnisse über die Handelsbeziehungen Taiwans mit der EU erhalten. Verwendete Unterrichtsformen werden nicht genannt. Als Lernziele werden folgende Inhalte in den Unterricht einbezogen:

„1. Wirtschaft, Geschäftswelt und Unternehmensstruktur im deutschsprachigen Raum verstehen.

2. sich mit den Unternehmensstrukturen in Deutschland vertraut machen.

3. Geschäftsgespräche führen und Geschäftsbriefe schreiben." (Vgl. Syllabus Business German YG3)

Die Unterrichtsmaterialien und Lehrwerke werden für diesen Kurs individuell und auf das Potenzial der Kursteilnehmer bezogen ausgewählt. Voraussetzung für die Teilnahme am Kurs ist das Sprachniveau B1. Das Sprachniveau im Unterricht entspricht der Stufe B2 des Europäischen Referenzrahmens. (Vgl. Syllabus Business German YG3)

Zweites Jahr
Im zweiten Jahr werden im Kurs „Handelskorrespondenz" mit zwei Wochenstunden (insgesamt 36 UE pro Jahr) die Fähigkeiten in der schriftlichen und mündlichen Korrespondenz vertieft. Der Syllabus nennt folgende Lernziele:

„1. Vertiefung der Kenntnisse über internationale Geschäftsabläufe.

2. Verbesserung der Kommunikationsfähigkeiten in geschäftlichen Angelegenheiten.

3. Geschäftsbriefe korrekt schreiben können." (Syllabus German for Business Communication YG4)

Diese Ziele spiegeln sich auch im Kursinhalt wider. Daher wird angestrebt, die StudentInnen im Rahmen des Kurses mit der Mentalität deutscher Kunden bekannt zu machen. Kundenempfang, Verkaufsgespräche und Produktvorstellung mit Hilfe des Rollenspiels werden trainiert. Weiterhin bezweckt der Unterricht, die Grundlagen des Marketing zu vermitteln. Außerdem gehören die Teilnahme an internationalen Messen, Unternehmensstrukturen in deutschsprachigen Ländern, der Umgang mit Beschwerden sowie das Verfassen von Geschäftsbriefen zu den behandelten Themen dazu. Unterrichtsmaterial ist das von Jörg Braunert herausgegebene Werk „Unternehmen Deutsch B1 und B2", das im Klettverlag erschienen ist. Hinzu kommen ausgewählte Online-Materialien. Als Voraussetzung einer Kursteilnahme werden grundlegende Kenntnisse auf dem Gebiet der Wirtschaft sowie ein generelles Interesse an wirtschaftlichen Fragen vorausgesetzt. Im Syllabus finden sich keine Bemerkungen über Unterrichtsformen. (Vgl. Syllabus German for Business Communication YG4)

• Das vierjährige College
Der berufsorientierte Deutschunterricht im vierjährigen College ist ähnlich gegliedert wie das Juniorcollege. Der zu behandelnde Lernstoff wird jedoch nicht wie im Juniorcollege in fünf Jahren, sondern innerhalb von vier Jahren durchgenommen. Im dritten Jahr kommen hier Fachkurse wie Tourismus, Landeskunde und eben auch Wirtschaftsdeutsch hinzu.

Tabelle 3: Das Curriculum für das vierjährige College (3. und 4. Jahr)

Jahrgang/ Kursname	Lernziele	Lehrmaterial	UE
UG3 Wirtschafts- deutsch	Kommunikation am Arbeitsplatz	„Deutsch für das Berufs- leben"	36 (Doppel- stunde mit je 50 Minuten)
UG4 Handels- korrespon- denz	Bearbeitung von Themen aus der deutschen Wirtschafts- kommunikation und Verfassen aller Formen von Handels- dokumenten	„Unternehmen Deutsch B1 und B2 Aufbaukurs"	36 (Doppel- stunde mit je 50 Minuten)

Drittes Jahr

Im dritten Studienjahr erhalten die StudentInnen in dem Kurs „Kommunikation am Arbeitsplatz" eine Einführung in verschie- dene Themen aus der deutschen Wirtschaftskommunikation und lernen verschiedene Formen von Handelsdokumenten kennen. Die Unterrichtsdauer dieses Kurses mit zwei Wochenstunden beträgt insgesamt 36 UE (72 Stunden). Dieser Kurs soll den StudentInnen Wissen im Hinblick auf ihre zukünftige Karriere (vor allem in Handelsunternehmen) vermitteln. Themen aus dem alltäglichen Berufsleben sollen das Verständnis häufig verwen- deter Begriffe fördern. Das Training von Sprachverständnis bei

Geschäftsreisen wird als weiteres Ziel genannt. Neben dem Training der allgemeinen Kommunikationsfähigkeit mit Aussprache und grammatikalischer Korrektheit sind die Lernenden zu befähigen, interkulturelle Gräben zu überwinden. Als Unterrichtsziele finden die Förderung von Erfahrungslernen sowie Lernerautonomie Erwähnung.

Die spezifischen Lernziele werden dabei wie folgt definiert: Laut Syllabus umfasst der Kursinhalt deshalb den Kundenempfang, Einblicke in die Arbeitsumgebung, Produktvorstellung, Unternehmensprofil, Messeausstellungen, Telefontraining und das Training angemessener Verhaltensformen am Arbeitsplatz. Zu den genannten Unterrichtsmethoden zählen Frontunterricht, Gruppenarbeit, problemorientierte Diskussionen und Videoeinsatz. Als Lehrbuch dient der von Grazielle Guenat und Peter Hartmann 2010 herausgegebene Band „Deutsch für das Berufsleben." Unterrichtssprache ist aussschließlich Deutsch. Das Level des Sprachkurses muss dem Niveau B1 entsprechen. (Vgl. Syllabus Commercial German UG3)

Viertes Jahr
Im vierten Jahr wird der Kurs „Handelskorrespondenz" mit 2 Wochenstunden (36 UE insgesamt 72 Stunden pro Jahr) gewählt. Dieser Kurs soll den Studierenden helfen, sich mit Themen aus der deutschen Wirtschaftskommunikation und allen Formen von Handelsdokumenten vertraut zu machen. Eine dieser Zielvorstellung entsprechende Beschreibung der Lernziele sieht folgendermaßen aus:
Die Kursteilnehmer müssen
„1. Geschäftsbriefe verfassen,
2. Geschäftsbriefe einschließlich Angebotsschreiben, Bestellschreiben, Bestätigungsschreiben sowie Zahlungsbriefe selbst verstehen und verfassen,

3. ein grundlegendes Verständnis der Handelsabläufe und Zahlungsbedingungen haben." (Syllabus Business German and Practice UG4)
Entsprechend diesen Lernzielvorgaben ist der Kursinhalt strukturiert: In diesem Kurs sollen die Teilnehmer z. B. Werbe-
schreiben, Angebotsschreiben, Auftragsbriefe und Bestätigungen
verfassen lernen. Ferner erfolgt als Vorbereitung für ihre
zukünftige Karriere eine Vermittlung angemessener Kommu-
nikations- und Verhaltensformen am Arbeitsplatz. Grundlage für
diesen Kurs ist ein Basiswissen in den Bereichen Handel und
Geschäftswelt, fließendes Deutsch sowie ein grundlegendes
Interesse an wirtschaftlichen und geschäftsbezogenen Fragestellungen. Als Lehrbuch dient der von Wolfram Schlenker und
Jörg Braunert herausgegebene Band „Unternehmen Deutsch B1
und B2 Aufbaukurs." Für das Training der Geschäftskorres-
pondenz wird das von Volker Eismann herausgegebene Werk
„Trainingsmodul: Erfolg in der geschäftlichen Korrespon-
denz" empfohlen. Anzuwendende Unterrichtsmethoden können
dem Syllabus nicht entnommen werden. Insgesamt werden zwei
Stunden Wirtschaftsdeutsch pro Woche und insgesamt 18 UE (36
Stunden pro Semester) unterrichtet. (Vgl. Syllabus Business
German and Practice UG4)

• **Die Abendschule**
Der Unterricht in der Abendschule findet berufsbegleitend statt.
Wirtschaftsdeutsch gehört zum Fachkursangebot des Haupt-
studiums im dritten und vierten Jahr.

Tabelle 4: Das Curriculum für die Abendschule (3. und 4. Jahr)

Jahrgang/ Kursname	Lernziele	Lehrmaterial	UE
PG3 Geschäftliches Deutsch (Fernkurs)	Blended Learning, Kommunikation am Arbeitsplatz, Fachwissen und Geschäftsterminologie	„Deutsch für das Berufsleben B1"	12 (Doppelstunde mit je 50 Minuten)
PG4 Geschäftskorrespondenz	Verstehen und Verfassen aller Formen von Handelsdokumenten, in erster Linie Geschäftsbriefe	„Geschäftskommunikation – besser schreiben"	36 (Doppelstunde mit je 50 Minuten)

Drittes Jahr

Das Besondere dieses Kurses „Geschäftliches Deutsch" besteht darin, dass dieses Modul als Fernkurs im Sinne von „Blended Learning" konzipiert ist, bei der Präsenzveranstaltungen mit modernen Formen des e-learning kombiniert werden. Insgesamt sind 6 Unterrichtseinheiten (12 Wochenstunden) als Präsenzveranstaltungen pro Semester (24 Wochenstunden pro Jahr) vorgesehen. Es wird anvisiert, Fachwissen und Geschäftsterminologie zu vermitteln. Das Lernziel besteht darin, „entsprechend der deutschen Mentalität denken zu lernen" und die Logik zu verstehen, „mit der Deutsche planen und handeln". Ferner sollen die StudentInnen die Kompetenz erwerben, ihre Meinungen und Gefühle auf Deutsch ausdrücken zu können. Sie sollen im Stande sein, ihre persönlichen Angelegenheiten und ihre alltägliche Lebenswelt darzulegen. Hinzu kommt die Fähigkeit, einfache, kurze Ankündigungen und kurze Artikel zu verstehen. (Vgl. Syllabus, Commercial German PG3)

Die detaillierten Lernziele werden wie folgt definiert:
„1. Erwerb von Hör-, Sprech-, Lese- und Schreibfähigkeiten für die Berufswelt,
2. Verwendung des deutschen Satzbaus, um kurze, arbeitsbezogene Artikel zu schreiben,
3. Förderung der Fähigkeit, in der Geschäftswelt auf Deutsch zu analysieren und zu kommunizieren,
4. Entwicklung guter Hör- und Lesefähigkeiten, um wirtschaftsrelevante Texte verstehen zu können,
5. Problembewältigung am Arbeitsplatz,
6. Erwerb der Fähigkeit, Deutsch im Geschäftsbereich zu verwenden." (Syllabus, Commercial German PG3)

Zu den behandelten Themenbereichen gehören daher Kundenempfang, Unternehmensprofil, Messen, Telefontraining und das Training angemessener Verhaltensweisen am Arbeitsplatz. Als Lehrmethoden werden Frontalunterricht sowie gruppen- und themenzentrierte Diskussionen und Videoeinsatz erwähnt. Prüfungsformen bestehen nicht wie in den anderen Kursen lediglich aus Zwischen- und Endprüfungen. In diesem Fernkurs erfolgt der Einsatz von Online-Tests. Als Lehrbuch nennt der Syllabus das bereits erwähnte Lehrwerk „Deutsch für das Berufsleben B1 (Kursbuch)". (Vgl. Syllabus, Commercial German PG3)

Viertes Jahr
Dieser Kurs mit zwei Wochenstunden (insgesamt 72 Stunden pro Jahr) soll die Studierenden befähigen, sich mit Themen aus dem deutschen Wirtschaftsleben vertraut zu machen und alle Arten von Handelsdokumenten zu verstehen. Konkret sollen die Teilnehmer in die Lage versetzt werden:

„1. Geschäftsbriefe zu verfassen,

2. Geschäftsbriefe zu verstehen und zu schreiben einschließlich Anfragen, Bestellbriefe, Bestätigungsbriefe und Rechnungsbriefe,

3. Grundkenntnisse über Handelsverkehr und Zahlungsbedingungen haben." (Syllabus German Business Writing PG4).

Als Lernform dieses Kurses wird Frontalunterricht, das Lesen und Schreiben sowie die Analyse von Fallstudien genannt. Auf der anderen Seite soll auch die Lernerautonomie gestärkt werden. Als Lehrwerk für diesen Kurs dient das von Axel Hering und Magdalena Matussek 2007 im Hueber Verlag erschienene Lehrbuch „Geschäftskommunikation – Besser Schreiben." (Vgl. Syllabus German Business Writing PG4).

6 Evaluation des Curriculums und Modifizierungsvorschläge

6.1 Kursaufbau

Die Kurse an der Wenzao Ursuline University unterteilen sich in „Geschäftskommunikation" und „Handelskorrespondenz". Normalerweise besteht das Unterrichtsmodul in jedem Studiengang aus einem einjährigen kommunikativ ausgerichteten Kurs „Geschäftskommunikation" und einem einjährigen Kurs „Handelskorrespondenz" mit dem Schwerpunkt schriftlicher Ausdruck. Das Problem besteht darin, dass die in dem Beitrag beschriebenen Kurse als Wahlkurse ausgeschrieben sind, so dass die StudentInnen jederzeit die Möglichkeit haben, ohne jegliche Vorkenntnisse in berufsbezogenem Deutsch an dem Aufbaukurs „Handelskorrespondenz" teilzunehmen, obwohl dieses Modul auf den im Kurs „Geschäftskommunikation" erworbenen Kenntnissen aufbaut. Die unterschiedlichen Vorkenntnisse und Voraussetzungen der Teilnehmer können nicht nur die Lehrpraxis in diesen Kursen erschweren, sondern es bedeutet auch für diese

„Quereinsteiger" eine enorme Herausforderung, den Lernstoff ohne größere Probleme zu bewältigen. Daher wäre eine Umwandlung dieser Wahlkurse in Wahlpflichtkurse eine mögliche Alternative, bei denen die StudentInnen zur Teilnahme an beiden Jahreskursen des Gesamtmoduls verpflichtet wären, um die damit verbundenen Ungleichgewichte beim Leistungsniveau zu reduzieren. Ein Quereinstieg dürfte dann logischerweise nicht mehr möglich sein.

6.2 Voraussetzungen

Voraussetzungen für eine Kursteilnahme sind in der Regel Kenntnisse auf dem Gebiet der Geschäftswelt sowie ein generelles Interesse an ökonomischen Fragen. Auch für Handelskorrespondenz wird in den meisten Syllabi ein Grundwissen im Bereich Handel und Geschäftswelt, fließendes Deutsch sowie ein grundlegendes Interesse an wirtschaftlichen und geschäftsbezogenen Fragestellungen vorausgesetzt. Leider fehlen in einigen Syllabi die Teilnahmevoraussetzungen nach dem GER. So wird beim berufsbezogenen DaF-Kurs im vierten Jahr Juniorcollege A2 als Teilnahmebedingung genannt, während bei dem entsprechenden Kurs im dritten Jahr des vierjährigen College die Nennung von Sprachniveaus nach dem GER fehlt. Auch bei diesen oft sehr abweichenden Ansprüchen könnten feste Vorgaben für eine Vereinheitlichung sorgen.

6.3 Unterrichtsdauer und Teilnehmerzahlen

Die Unterrichtszeit beträgt mit Ausnahme eines vierstündigen Moduls im zweijährigen College zwei Stunden pro Woche, also insgesamt 72 Stunden (36 UE) pro Jahr, so dass die StudentInnen des vier- und fünfjährigen College nach Abschluss eines zweijährigen Moduls 72 UE (144 Stunden) Unterrichtserfahrung haben. Für die StudentInnen des zweijährigen College kommen dann noch einmal im dritten Jahr 72 UE und im vierten normalerweise 18 UE hinzu, da diese StudentInnen im letzten Semester ein Langzeitpraktikum absolvieren. Die Unterrichtsdauer im fünfjährigen bzw. vierjährigen College könnte angesichts der stärker werdenden Bedeutung von berufsbezogenem Deutsch durchaus von 2 auf 4 Wochenstunden erweitert werden. Um die Unterrichtseffektivität zu erhöhen, sollte ein Begrenzung der Teilnehmerzahlen auf maximal 20-25 Personen anzustreben sein.

6.4 Lernziele und Lehrstoff
Das Unterrichtsangebot im Bereich „Geschäftskommunikation" der Ursuline University verfolgt das Ziel, diejenigen Fähigkeiten und Kompetenzen zu fördern, die die Studierenden in die Lage versetzen, auf Deutsch in schriftlicher und mündlicher Form zu kommunizieren. Dazu gehört das Training aller vier Sprachfähigkeiten (Hören, Lesen, Sprechen, Schreiben). Die StudentInnen sollten sich nach Absolvierung dieses Wirtschaftskommunikationskurses problemlos mit ihren muttersprachlichen Kollegen in der Arbeitswelt verständigen können. Einige Lernziele im Syllabus thematisieren die Förderung interkultureller Kompetenzen, bei anderen Kursen wird eher die Vermittlung des Fachwortschatzes hervorgehoben. Entsprechend der Ziele werden die Unterrichtsinhalte ausgewählt. Als häufig umschriebene Beispiele finden Kundenempfang, Unternehmensvorstellung, Messen, Telefontraining und die angemessene Kommunikation am Arbeitsplatz Erwähnung. In einigen Kursen sollen die Studierenden nicht nur mit der Fachsprache umzugehen lernen, sondern auch mit Geschichte, Kultur und Wirtschaft der deutschsprachigen Länder vertraut gemacht werden.
In den Kursen „Geschäftskommunikation" steht das Verfassen verschiedener Typen von Geschäftsbriefen wie Werbebriefen, Bestellbriefen, Rechnungsbriefen und Reklamationen im Vordergrund. Darüber hinaus sollen die Kursteilnehmer in die Lage

versetzt werden, verschiedene Formen von Handelsdokumenten zu verstehen. Damit verbunden ist ein grundlegendes Verständnis der Handelsabläufe und Zahlungsbedingungen und von interstaatlichen Handelsbeziehungen. Insgesamt läßt sich zwar konstatieren, dass sowohl in der Kursform „Geschäftliches Deutsch" als auch in der Kursform „Handelskorrespondenz" ein Bestreben sichtbar wird, verschiedene kommunikative Kompetenzen in mündlicher und schriftlicher Form zu trainieren.

Jedoch unterscheiden sich die angegebenen Kompetenzen sowohl bei der Geschäftskommunikation als auch bei der Handelskorrespondenz sehr deutlich. So werden in einigen Kommunikationskursen stärker Fachkompetenzen wie das korrekte Training des Fachwortschatzes betont, in anderen stehen jedoch kommunikative Fähigkeiten wie die Interaktion am Arbeitsplatz im Vordergrund. In einigen Handelskorrespondenzkursen wird mit dem Schreiben von Geschäftsbriefen auf Methoden- und Lernkompetenz Wert gelegt, während bei anderen Fachkompetenzen wie das Wissen über Handelsabläufe und Zahlungsbedingungen im Mittelpunkt stehen. Um diese unterschiedliche Gewichtung einander anzugleichen, könnte eine für alle Lehrkräfte verbindliche Beschreibung anzustrebender Kompetenzen und ihre konkrete Niederschlagung in den Unterrichtsinhalten hilfreich sein.

6.5 Lehr- und Lernformen
Ferner fällt bei einer Reihe von Syllabi die Dominanz der Unterrichtsform „Frontalunterricht" auf, erst danach folgen Gruppenarbeit, problemorientierte Diskussionen, was auf einen lehrerzentrierten und weniger auf einen lernerzentrierten Unterricht schließen läßt. Gleichzeitig wird aber eine Stärkung der Lernerautonomie anvisiert, was einen gewissen Widerspruch darstellt. Es wird aber nicht genau erörtert, in welcher Form diese

Lernerautonomie realisiert werden kann. In einigen Kursen fehlt der Hinweis auf die Unterrichtsform völlig. Ein für alle Lehrer verbindlicher und im Syllabus fixierter Mix von Sozialformen könnte für Abwechslung im Unterricht sorgen. Auch Unterrichtsmethoden wie der Einsatz von Rollenspielen und Wortschatzübungen müßten verbindlich festgelegt werden, um die Lerneffektivität zu steigern.

6.6 Prüfungen

Eine weitere Lücke im Curriculumsplan besteht in der unkonkreten Ausgestaltung der durchzuführenden Prüfungen, namentlich der obligatorischen Zwischen- und Endsemesterprüfungen. In diesem Zusammenhang wäre eine bessere Koordination zwischen den für den berufsbezogenen Unterricht verantwortlichen Pädagogen erforderlich, um feste Standards für Prüfungen in den einzelnen Studiengängen auszuarbeiten. Dabei könnten die Vorgaben des europäischen Referenzrahmens für Sprachen als Richtlinie dienen. Es geht aus den Syllabi beispielsweise nicht hervor, inwieweit die Studierenden bei Prüfungen die Möglichkeit erhalten, ihre kommunikative Kompetenz in der Prüfung anzuwenden, oder ob lediglich eine schriftliche Prüfung verlangt wird. Ferner fehlen konkrete Hinweise auf eine angestrebte Vorbereitung auf Leistungstests wie den Goethe-Test PRO.

6.7 Lehrwerke

Bei der Auswahl der Lehrwerke zeigt sich, dass sich meistens auf gedruckte und häufig veraltete Lehrwerke wie etwa „Unternehmen Deutsch" aus dem Jahr 2005 bezogen wird. Eine Koordination bei der Verwendung von Lehrwerken lässt sich in den jeweiligen Studiengängen den Syllabi für das zweite Jahr der berufsbezogenen DaF-Module nicht entnehmen. Für den Handelskorrespondenzkurs im letzten Jahr des vierjährigen

College und im letzten Jahr des fünfjährigen College wäre ein gemeinsames aktuelles Lehrwerk mit digitalen Angeboten anzuschaffen, das den anvisierten Lernzielen gerecht wird. Auf veraltetes Lehrmaterial wie „Unternehmen Deutsch" sollte hingegen verzichtet werden. Auf zusätzliches Lehrmaterial, das auf Online-Platformen wie www.wirtschaftdeutsch.de bereitgestellt ist, wird nicht hingewiesen, so dass die digitale Kompetenz der gegenwärtigen StudentInnengeneration kaum genutzt wird.

Fazit

Die bisherigen Ausführungen legen den Schluss nahe, dass auch an der Wenzao-Fremdsprachenuniversität eine grundlegende Reform des Curriculums im Bereich berufsbezogenes Deutsch erforderlich erscheint. Dies betrifft insbesondere die Entwicklung von Unterrichtsmodulen, deren Aufbau sich strikt am Gemeinsamen Europäischen Referenzrahmen für Sprachen (GER) orientieren und einen Quereinstieg von Lernern mit geringen sprachlichen und fachlichen Vorkenntnissen möglichst ausschließen muss. Ferner sollten Teilnahmevoraussetzungen, Lernziele, Prüfungen sowie Lehr- und Lernformen der Kurse mit mündlichem bzw. schriftlichem Schwerpunkt in den jeweiligen Studiengängen stärker vereinheitlicht werden. Dabei sollte die Förderung von kommunikativen Kompetenzen und Unterrichtsformen stärker in den Mittelpunkt gerückt werden. Weiterhin könnte der systematischen Vorbereitung auf spezielle Prüfungen im berufsbezogenen Deutsch mehr Aufmerksamkeit gewidmet werden. Bei der Auswahl der Lehrwerke wäre auf Praxisbezug und die Vertiefung von digitalen Kompetenzen zu achten. Nicht zuletzt müßte ungeachtet fiskalischer Erwägungen die Größe der Lernergruppe auf ein überschaubares Maß begrenzt bleiben, um damit ein effektives Lernen zu gewährleisten.

Literaturverzeichnis

Efing, Christian (2015) (Hrsg.): Sprache und Kommunikation in der beruflichen Bildung. Modellierung – Anforderungen – Förderung. Frankfurt/Main u.a.: Peter Lang (Wissen-Kompetenz-Text 9).

Efing, Christian/Kiefer, Karl-Hubert (2017) (Hrsg.): Sprachbezogene Curricula und Aufgaben in der beruflichen Bildung. Aktuelle Konzepte und Forschungsergebnisse. Frankfurt/Main: Peter Lang.

Frey, Karl (Hrsg.), (1979): Curriculum Handbuch, Verlag Pieper, München.

Funk, Hermann (1999): Zweitsprachenunterricht Deutsch zur Berufsorientierung und Studienvorbereitung. In: Kilian,Volker; Neuner, Gerhard & Schmitt, Wolfgang (Hrsg.), Deutsch als Zweitsprache in der Erwachsenenbildung. Curriculumentwicklung – Übungsmaterial – Lehrerfortbildung. 5. Auflage. Berlin/München: Langenscheidt, 67-94.

Funk, Hermann (2001): Berufsbezogener Deutschunterricht – Deutsch als Fremd- und Zweitsprache für den Beruf. In: Helbig, Gerhard; Götze, Lutz; Henrici, Gert & Krumm, Hans-Jürgen (Hrsg.), Deutsch als Fremdsprache: Ein internationales Handbuch. 2. Halbband. Berlin/New York: de Gruyter (= Handbücher zur Sprach- und Kommunikationswissenschaft 19), 962-973.

Funk, Hermann (2010): Berufsorientierter Deutschunterricht. In: Krumm, Fandrych, Hufeisen & Riemer (Hrsg.), 2. Halbband, 1145-1151.

Kiefer, Karl-Hubert/Efing, Christian/Jung, Matthias/Middeke, Annegret (2014) (Hrsg.): Berufsfeld-Kommunikation: Deutsch. Frankfurt/Main u.a.: Peter Lang (Wissen-Kompetenz-Text 7).

Sequin, Roger (1991): Curriculum development and implementation of teaching programmes. UNESCO rep.

Slabá, Vladana (2017): Curriculum für einen Firmenkurs „Deutsch für Unternehmen", Abschlussarbeit an der Masaryk-Universität, Pädagogische Fakultät, Lehrstuhl für deutsche Sprache und Literatur.

Tamm, Ingo/Feder, Manuel (2005): Teaching Business German at Wenzao Ursuline College Teaching methods and curriculum, Languages, Literary Studies and International Studies: An International Journal, Vol.2, May 2005, S.151-172.

Trim, John; North, Brian; Coste, Daniel (Hrsg.) (2001): Gemeinsamer europäischer Referenzrahmen für Sprachen: lernen, lehren, beurteilen. Straßburg. Berlin/München, Langenscheidt.

Vogel, Thomas (2016): Sprachen lernen und lehren an Hochschulen: Curriculare Dimension. In: Burwitz-Melzer, Mehlhorn, Riemer, Bausch & Krumm (Hrsg.): Handbuch Fremdsprachenunterricht. 6., völlig über-arbeitete und erweiterte Auflage. Tübingen: Francke, S. 195-200.

Zhao, Jin (2002): Wirtschaftsdeutsch als Fremdsprache. Ein didaktisches Modell – dargestellt am Beispiel der chinesischen Germanistik-Studiengänge. Tübingen: Gunter Narr Verlag.

Zhdanova, Nataliyah (2014): Standardisierung der Curricula für Wirtschaftsdeutsch an den Hochschulen der Ukraine, in: https://acc-ern.tul.cz/archiv/PDF/ACC_2014_3_14.pdf (eingesehen am 6.4.2019)

Quellenverzeichnis

Syllabus „Commercial German" XG4
Syllabus „German Business Writing" XG5
Syllabus „Business German" YG3
Syllabus „German for Business Communication" YG4
Syllabus „Commercial German" UG3
Syllabus „Business German and Practice" UG4
Syllabus „Commercial German" PG3
Syllabus „Syllabus German Business Writing" PG4

Lehrwerkregister

Braunert, Jörg (2005): Unternehmen Deutsch – Aufbaukurs B1-B2, Kursbuch Stuttgart, Klett Verlag.

Eismann, Volker (2010): Training berufliche Kommunikation: B1/B2 – Erfolgreich in der geschäftlichen Korrespondenz: Kursbuch. Berlin, Cornelsen.

Guenat, Graziella, Hartmann, Peter (2010): Deutsch für das Berufsleben B1, Kursbuch. Stuttgart, Klettverlag.

Hering, Axel/Mattusek, Magdalena (2007): Geschäftskommunikation – Besser schreiben, Kursbuch. Stuttgart, Klettverlag.

Jahrmann, Franz Ulrich (2007): Außenhandel. Kompendium der praktischen Betriebswirtschaft. Berlin, NWB Verlag.

Sachs, Rudolf (2001): Deutsche Handelskorrespondenz – Der Schriftwechsel im Import und Export. Hueber Verlag, Ismaning.

Industrie 4.0 – Auswirkungen auf den Hochschulsektor in Taiwan

Hsin-yi Hsueh

Abstract

Das Konzept von Industrie 4.0 stellt bestehende Wirtschaftsstrukturen vor große Herausforderungen. Die Auswirkungen betreffen aber nicht nur die Industrie, sondern auch die Hochschulbildung. Dass in der Zukunft in den Industrieländern vermehrt intelligente Maschinen und vernetzte Produktionsanlagen zum Einsatz kommen werden, wird zu massiven Veränderungen in der Arbeitswelt führen. Zu den Herausforderungen zählen beispielsweise neue Berufsprofile, veränderte Berufsanforderungen aber auch neue Aufgaben für die Hochschulbildung. Der Beitrag beschäftigt sich mit der Frage, wie sich Industrie 4.0 auf den Hochschulsektor in Taiwan auswirkt. Er widmet sich im besonderen der Situation in Taiwan und diskutiert aktuelle Entwicklungen. Mit dem Aufgreifen dieses Themas soll eine Brücke zwischen DaF- und kompetenzorienterter Ausbildung für die Zukunft geschlagen werden.

Keywords: Industrie 4.0, Kompetenzen, Berufsprofile, Hochschulbildung, Taiwan, Deutschland

工業 4.0 對台灣高等教育影響之探究

摘要

工業 4.0 的概念對現有的經濟結構提出了重大的挑戰，不僅對產業造成影響，更對高等教育領域帶來衝擊。由於智慧型機器和網路化生產設施在工業化國家中將越來越多地被使用，此將帶來職場世界的巨大變化，其挑戰包括新的職業概況、不斷變化的職場專業，以及對高等教育產生新的要求。是以，本研究欲探討工業 4.0 對台灣高等教育領域所帶來的影響，且特別針對台灣局勢討論當前的發展，希冀本研究結果亦能對德語教學領域帶來啟發。

關鍵詞：工業 4.0、專業能力、高等教育、台灣、德國

1 Hintergrund

Digitale Technologien verändern unsere Arbeitswelt auf radikale Weise. Dies hat Konsequenzen für die Wirtschaft und Industrie. Aufgabenstellungen für Mitarbeiter, Arbeitsmodelle und Arbeitsprozesse aber auch Kompetenzanforderungen für Mitarbeiter ändern sich rasch. Im Rahmen der Hightech-Strategie der deutschen Bundesregierung (2011) wurde der Begriff *Industrie 4.0* erstmals eingeführt (Bundesministerium für Bildung und Forschung, 2011). Darunter versteht man das Konzept der durchdringenden Digitalisierung und Vernetzung von Wertschöpfungsketten und der umfassenden Mechanisierung und Automatisierung. Industrie 4.0 versucht, Produktivität, Innovationskraft und Flexibilität zu steigern aber auch für geringeren Ressourcenverbrauch zu sorgen. Der Druck auf Unternehmen, Prozesse zu optimieren und effizienter zu gestalten, wird dadurch steigen (Porter & Heppelmann, 2014). Aber nicht wenige Unternehmen sehen in der Möglichkeit der intelligenten Vernetzung Vorteile. Zahlreiche Länder haben das Konzept übernommen, darunter auch Taiwan.

Den Kern von Industrie 4.0 bilden zwei Entwicklungen: Vernetzung und Selbststeuerung. Vernetzung bedeutet, dass

Daten und Informationen ausgetauscht werden, um auf intelligente Weise zu interagieren. Selbststeuerung bedeutet, dass Anlagen und Maschinen in der Zukunft nicht mehr zentral gesteuert werden müssen, sondern autonom arbeiten können. Damit ändern sich auch Berufsprofile. Und da dieser Wandel hin zu Industrie 4.0 auf allen Produktionsstufen stattfindet (eine digitalisierte Produktion basiert auf der Einbindung vor- und nachgelagerter Unternehmen) sind drastische Konsequenzen für die Wirtschaft, Gesellschaft aber auch Ausbildung zu erwarten. Manche sprechen von der vierten industriellen Revolution und manche fragen, ob Industrie 4.0 wirklich so neu ist, denn schon seit den 1970er Jahren fließen kontinuierlich neue Informationstechnologien in Unternehmen ein. Und die große Revolution blieb meist aus. Bei Industrie 4.0 handelt es sich aber um mehr als eine rein technische Herausforderung. Denn in der digitalisierten Produktionswelt werden Maschinen und auch Produkte mit Sensoren ausgestattet und das schafft die Basis für eine neue Intensität der Kommunikation. Und damit wird Kommunikation bisher nicht-kommunizierender Systeme ermöglicht. Die Umsetzung von Industrie 4.0 ist ein komplexes und kostenintensives Vorhaben, denn es setzt schnelles Internet und den Ausbau der 5G-Infrastruktur voraus. Derzeit sind zahlreiche Länder bemüht, die nötige Infrastruktur dafür zu schaffen. Korea hat als erstes Land die 5G-Technologie installiert, aber auch europäische Länder arbeiten daran, leistungsfähige 5G-Netze aufzubauen. Auch Taiwan arbeitet am Aufbau seines 5G-Netzwerkes. Während der Ausbau der Netzwerke noch im Gange ist, lässt sich nur erahnen, welche Änderungen durch Industrie 4.0 auf uns zu kommen.

Industrie 4.0 bietet sowohl Chancen als auch Risiken. In Deutschland hängen etwa 15 Millionen Arbeitsplätze von der produzierenden Wirtschaft ab. Nur wenn sich die Industrie weiterentwickelt, wird sie international konkurrenzfähig bleiben. Im

Jahr 2017 hat das Bundesministerium für Arbeit und Soziales (BMAS) einen Dialogprozess zur Arbeit 4.0 angestoßen (Bundesministerium für Arbeit und Soziales, 2017). Im Weißbuch Arbeiten 4.0 wurde über die Auswirkungen von Industrie 4.0 auf die Arbeitswelt und Bildung hingewiesen. Thesen aus dem McKinsey-Papier zur Hochschulbildung 4.0 kritisch diskutiert (Stifterverband für die Deutsche Wissenschaft e.V., 2016). Denn Digitalisierung macht auch vor dem Hochschulsektor nicht halt. Die Universitäten müssen sich in der Zukunft auf geänderte Rollen einstellen. Nur wer die Transformation schafft, wird Studienabgänger hervorbringen, die national und international gefragt sind. Im digitalen Zeitalter findet sich wenig Platz für unpersönliche und praxisferne Massenvorlesungen. Dafür sind innovative und anwendungsorientierte Lehrkonzepte mit intensiver Betreuung gefragt, die Kernkompetenzen der Zukunft trainieren. Im Idealfall findet die Transformation in allen Bereichen der Hochschule statt, also sowohl in der Lehre, der Forschung als auch der Hochschulverwaltung.

Industrie 4.0 verändert den zukünftigen Charakter der Produktionsarbeit und verlangt von den Beschäftigten neue Kompetenzen (Hirsch-Kreinsen, 2014). Intelligente Produktion setzt neben dem verstärkten Einsatz von Maschinen bei Mitarbeitern auch nichttechnische Kompetenzen voraus. Werden bestimmte Kompetenzen nicht beherrscht, gefährdet dies den Einsatz neuer Systeme. Und weil das Training der neuen Kompetenzen viel Zeit benötigt, muss man früh anfangen, diese zu identifizieren und sich vorzubereiten. Aber je mehr Prozesse der Wirtschaft digitalisiert und vernetzt ablaufen, desto wichtiger wird Bildung und Kompetenztraining. Der Druck auf die Arbeitnehmer wird somit definitiv steigen. Laut Bericht des Beratungsunternehmens McKinsey & Co. könnten bis zum Jahr 2030 zwischen 75 und 375 Millionen Arbeitnehmer (3-14% der weltweiten Belegschaft) aufgrund verschiedener Formen der Automatisierung (wie etwa

Künstliche Intelligenz und Robotik) die Berufsgruppen wechseln müssen (McKinsey & Co, 2017). Diese Entwicklung betrifft im besonderen höher entwickelte Volkswirtschaften. Taiwan wird zwar im Bericht nicht explizit erwähnt, aber ein Blick auf die entwickelten Nachbarländer lässt ähnliche Schlüsse zu. Ein Bericht des Beratungsunternehmens Willis Towers Watson („The Global Future of Work Survey") deutet darauf hin, dass fast die Hälfte der Arbeitgeber im asiatisch-pazifischen Raum bis 2020 weniger Arbeitskräfte benötigen werden, denn in den nächsten drei Jahren wird die von Robotern geleistete Arbeit stark zunehmen (Willis Towers Watson, 2018). Es kommt also zu einer Kluft zwischen gut Ausgebildeten und Unterqualifizierten.

2 Konsequenzen von Industrie 4.0

2.1 Arbeit 4.0: Auch die Arbeit verändert sich

Auch wenn Industrie 4.0 hauptsächlich den industriellen Sektor anspricht, sind auch außerhalb der Fabriken Konsequenzen zu erwarten. Denn mit der Digitalisierung werden in vielen Bereichen neue Geschäftsmodelle entstehen und bereits existierende Unternehmen vor große Herausforderungen stellen. Bei Arbeitsmodellen und Kompetenzanforderungen sind große Anpassungen nötig. Zum einen gehen durch die Vernetzung und Automatisierung viele Arbeitsplätze verloren, zum anderen entstehen gerade sehr viele neue Berufe, die wir vorher gar nicht kannten (Bowles, 2014). Allerdings sind diese Stellen meist mit gestiegenen Ansprüchen. Während Maschinen und Automaten immer mehr Routineaufgaben übernehmen, nimmt der Mensch im Unternehmen der Zukunft die Rolle des Planers, Organisators und kreativen Problemlösers ein. Weil die Entwicklung sehr rasch passiert, müssen Unternehmen früh beginnen, spezialisierte Fachkräfte zu rekrutieren bzw. eigene weiterzubilden. Die Arbeitgeber müssen sich neuen Arbeitsmodellen, Aufgaben und

Ansprüchen anpassen. Nur wenn Angestellte in der Lage sind, sich an die neue Umgebung anzupassen, und motiviert und kompetent agieren, werden Unternehmen die Potentiale der Digitalisierung ausnutzen können. Der digitale Wandel trifft also den Bereich der beruflichen Aus- und Weiterbildung genauso wie den Bereich der Hochschulausbildung.

Ändern sich die Anforderungen der Arbeitswelt, muss dies bei der Ausbildung berücksichtigt werden. Mehrere Faktoren spielen dabei eine Rolle (Raveling, 2016). Einerseits werden Unternehmen die sinkenden Bewerberzahlen zu spüren bekommen (Fachkräftewettbewerb). Im Gegensatz zu früher wollen viele Studienabgänger nicht mehr in Großkonzernen arbeiten. Aber auch die Jobsicherheit nimmt keinen so großen Stellenwert mehr ein. Die klassische Vorstellung von Ausbildung, Beruf, Ruhestand ist in der jüngeren Generation weniger stark ausgeprägt. Dafür ist Selbstbestimmung immer wichtiger. Weiters verliert fachliches Wissen immer mehr an Bedeutung, da Computer immer mehr Aufgaben übernehmen. Denn Wissen kann überall und jederzeit abgerufen werden. Auch bei der Motivation ändert sich viel. Um die Mitarbeiter zu motivieren, muss eine positive Atmosphäre geschaffen werden. Wird die fortschreitende Digitalisierung als negativ empfunden, werden sich Mitarbeiter unter Druck fühlen. Dies wird negative Auswirkungen haben. Als weiterer Faktor für die aktive Gestaltung des digitalen Wandels wird die Qualifizierung der Belegschaft durch gezielte Aus- und Weiterbildung identifiziert. Wenn Vorgesetzte aktiv ein positives Rollenbild übernehmen und als gutes Beispiel vorangehen, erhöht das die Chancen, dass sie auch mitmachen. Die Beschäftigten erkennen sehr rasch, wie es mit den Kompetenzen ihrer Vorgesetzten bestellt ist und passen eigene Anforderungen entsprechend an.

Der digitale Wandel zeigt neben strukturellen und regionalen auch soziale Unterschiede. Wie das Beispiel Deutschland zeigt, verläuft der Fortschritt bei der Digitalisierung nicht gleichmäßig. Während sich bei Großunternehmen die Relevanz von Industrie 4.0 herumgesprochen hat, sind kleine und mittlere Unternehmen noch in der Phase des Abwartens. Sie haben im Vergleich zu großen Firmen einen deutlich niedrigeren Digitalisierungsgrad, denn sie haben geringere finanzielle Mittel zur Verfügung. Aber während Großunternehmen länger brauchen, um Prozesse umzusetzen, sind mittelständische Firmen oft flexibler. Mittelständische Unternehmen profitieren jetzt von den gesunkenen Kosten der Digitalisierung. Auch regional geht die Digitalisierung in verschiedenen Geschwindigkeiten voran. Der Süden von Deutschland, der auch den Großteil der deutschen Industrie beherbergt, weist im Vergleich zu anderen Regionen bessere digitale Fachkompetenzen auf. Dies hat langfristige Folgen, denn Standorte, die eine gut ausgebildete Jugend nicht halten bzw. nicht anziehen können, verlieren an Attraktivität und Wettbewerbsfähigkeit. Darüber hinaus existieren aber auch Kompetenzunterschiede bei den Geschlechtern. Was digitale Fachkompetenzen angeht, hinken in Deutschland Frauen den Männern leider noch immer hinterher. Und dies wirkt sich negativ auf die Beschäftigungsfähigkeit und Karrieremöglichkeiten von Frauen aus. Wir sehen, dass die Digitalisierung unterschiedliche Gräben öffnet. Und um ein weiteres Auseinanderdriften zwischen hoch qualifizierten und niedrig qualifizierten Mitarbeiterinnen und Mitarbeitern zu verhindern, müssen aktiv Initiativen gesetzt werden. Nur mit gezielten Maßnahmen lassen sich diese Herausforderungen bewältigen.

2.2 Welche Kompetenzen braucht Industrie 4.0?
Nicht nur die Arbeit in Unternehmen wird sich radikal ändern, sondern es werden auch Unternehmen mit völlig neuen Geschäftsmodellen entstehen. Uber, AirBnB, Netflix, Spotify & Co. sind nur die Anfänge dieser Entwicklung. Durch disruptive

Innovation werden herkömmliche Branchenführer in verschiedenen Bereichen immer stärker unter Druck geraten. Und die Digitalisierung wird den Fortschritt in vielen Bereichen massiv beschleunigen. Durch Automatisierung und Mechanisierung werden in zukünftigen Jobs einfache und monotone Tätigkeiten abnehmen. Dagegen werden wissensintensive Aufgaben, die Kreativität und autonomes Denken erfordern an Bedeutung gewinnen. Im Rahmen des Projekts *Factory of the Future* wurden vom mmb Institut Kompetenzanforderungen für die digitalisierte Arbeitswelt untersucht (Schmid, 2017). Dabei wurde festgestellt, dass rund 30% der Unternehmen in Deutschland „unzureichende Qualifikationen der Mitarbeiter" als Hauptherausforderung für den Übergang zu Industrie 4.0 ansehen. Studien verschiedener Institutionen haben sich mit den künftigen Anforderungsprofilen für Industrie 4.0 beschäftigt, so etwa der *Hochschul-Bildungsreport* (Stifterverband für die Deutsche Wissenschaft e.V., 2016), *Arbeiten in der Industrie 4.0* (Hans Böckler Stiftung, 2015), *Industrie 4.0 – Qualifizierung 2025* (VDMA, 2016), *Digital-vernetztes Denken in der Produktion* (ILIN Institut, 2016), *Skills for the Future* (Institut für Bildungsforschung der Wirtschaft, 2016), *Industrie 4.0. Foresight&Technikfolgenab-schätzung* (Institut für Technikfolgen Abschätzung, 2015) oder etwa die *Kompetenzentwicklungsstudie Industrie 4.0* (Deutsche Akademie der Technikwissenschaften, 2016). Aus diesen Studien lassen sich Gemeinsamkeiten bei den Anforderungen an Arbeitskräfte für Industrie 4.0 erkennen. Man kann man vier Hauptkategorien von Kompetenzen unterscheiden (Abbildung 1): Fachliche Kompetenzen, Daten- und IT-Kompetenzen, Soziale Kompetenzen und personale Kompetenzen.

Abbildung 1: Überblick über die Kompetenzen von Industrie 4.0

- **Fachliche Kompetenz** (Wissen aus dem eigenen Fachgebiet)
- **Daten- und IT-Kompetenz** (Steuerung, Kontrolle und Wartung digitaler Systeme, Datenanalyse, Datenschutz)
- **Soziale Kompetenz** (Projektmanagement, Kommunikation, Organisation und Führung, Interdisziplinarität, Entscheidungsfindung)
- **Personale Kompetenz** (selbständiges Lernen, analytisches Denken, Problemlösung, Flexibilität, Resilienz)

Quelle: eigene Darstellung

Unter fachlichen Kompetenzen versteht man Fähigkeiten, die sich um Beherrschung, Kontrolle, Überwachung und Umgang mit Störungen von Systemen drehen. Also jene Fähigkeiten, die den alltäglichen Betrieb sicherstellen. Daten und IT-Kompetenzen beschreiben die Fähigkeiten im Umgang mit datenbasierten Systemen (Anwenderwissen), aber auch Basiskompetenzen in der Konzeption, Entwicklung, Programmierung von Systemen. Hierzu gehören auch Aspekte der Datensicherheit und des Datenschutzes. Der Bereich der sozialen Kompetenzen umfasst Fähigkeiten zur Zusammenarbeit in unterschiedlichen Gruppierungen. Dies kann interdisziplinäre, nationale/internationale Kooperationen beinhalten, wo neben modernen Managementpraktiken auch eine hohe kommunikative sowie interkulturelle Kompetenz vorausgesetzt wird. In der Zukunft wird die Fähigkeit ergebnisorientiert im Team zu arbeiten an Bedeutung gewinnen. Interessanterweise heben Studien neben der Relevanz von Fachkompetenz, Daten- und IT-Kompetenzen sowie sozialer Kompetenz auch die Bedeutung personaler Kompetenzen hervor. So gelten etwa selbständiges Lernen, analytisches Denken, systemisches Denken, Flexibilität, aber auch Offenheit als essentiell für die Vorbereitung auf eine digitalisierte Arbeitswelt. Neben Kommunikation, Kreativität oder analytischem Denken ist auch die Bereitschaft zu lebenslangem Lernen notwendig. Auch das Selbsterarbeiten von Wissen zählt bestimmt zu den Kernkompetenzen einer digitalen Arbeitswelt. Vorlesungen sollten demnach durch handlungsorientierte Projektarbeit ersetzt werden, bei der selbständiges Erlernen trainiert wird. Und um die Motivation hoch zu halten, trainiert man am besten mit relevanten Lernkontexten mit Praxisbezug. Wenn es für Lernende Bedeutung hat und Emotionen auslöst und man es anwenden kann, behält man es leichter(Raveling, 2016). Darüber hinaus lassen sich so Kompetenzen wie Interaktion, Interdisziplinarität, Flexibilität, Medienkompetenzen, digitales Transfervermögen und unternehmerisches Denken leichter trainieren.

Der Einsatz digitaler Technologien und neuer Arbeitsmodelle wird vermutlich die Vermischung zwischen Arbeit und Privatleben weiter vorantreiben und den Druck auf die Belegschaft massiv erhöhen. Schon heute zählen psychische Erkrankungen (z.B. Burn-Out) zu den Hauptursachen für Arbeitsausfälle. Da anzunehmen ist, dass sich Arbeit und Privates in Zukunft noch weiter vermischen werden und auch der Arbeitsdruck zunehmen wird, kommt der Entwicklung von Resilienz stärkere Bedeutung zu. Die Bewusstmachung der Problematik und das Trainieren von Methoden zum Stressabbau muss gefördert werden. Während körperliche Anstrengungen weiter abnehmen, werden geistige Anforderungen steigen. So werden auch Kreativität und Flexibilität viel stärker benötigt. Leider werden diese Kompetenzen bisher in der Ausbildung oft vernachlässigt. Kreativität muss vermehrt in den Ausbildungsweg integriert werden, denn in der Zukunft wird es notwendig sein, mehr kreative Ansätze zur Problemlösung zu finden. Das Bildungssystem muss reagieren, indem man vom kreativen Lernen im Kindergarten bis hin zu langweiligen Massenvorlesungen an der Universität überdenkt. Auch werden Dozenten ihre ablehnende Haltung gegenüber digitalen Medien überdenken müssen, und dafür wären mehr Fortbildungen zum digitalen Arbeiten hilfreich. Gleichzeitig müssen Dozenten agil und aktuell bleiben. Es ist keine Seltenheit, dass Dozenten über Jahrzehnte hinweg das Gleiche unterrichten. Damit verliert man aber seine Motivationsfähigkeit und Agilität. Aber Menschen brauchen regelmäßig neue Herausforderungen.

2.3 Lebenslanges Lernen

Die Welt verändert sich heute so schnell, dass wir einmal Erlerntes nicht unbedingt das ganze Leben anwenden können. Aufgrund des rasanten technologischen und wissenschaftlichen Fortschritts wird lebenslanges Lernen eine wichtige Rolle einnehmen. Da Wissen, das man in seiner Ausbildung erworben hat, in Zukunft nicht mehr ein Leben lang reichen wird, sind neue innovative Konzepte zum Wissenserwerb gefragt. Kontinuierliches Lernen und Weiterlernen kommt nicht automatisch, es braucht Bewusstmachung und spezielle Angebote. Einige Unternehmen proben bereits mit innovativen Konzepten wie etwa *Reverse Mentoring* (Roebbel & Braun, 2019). Dass die jüngere Generation der älteren in Bezug auf Umgang mit digitalen Themen überlegen ist, lässt sich als Vorteil nutzen, indem Digital Natives ihren älteren Kollegen in Teams beim Erlernen behilflich sind. Es bedeutet also nicht, dass man im Alter nichts mehr lernen kann. Langsamere Lernprozesse im Alter lassen sich durch passende Lernpädagogik verbessern.

3 Industrie 4.0 und die Folgen für den Hochschulsektor in Taiwan

Die Industrie ist ein wichtiger Pfeiler der taiwanischen Wirtschaft. Im Jahr 2001 betrug der Beitrag der verarbeitenden Industrie zum BIP zirka 24%, 2015 lag er bei über 30% (Statistika, 2019). Als Exportwirtschaft fertigt die Industrie elektrische Maschinen und Geräte, Kunststoffe, optische, technische und medizinische Geräte, Fahrzeuge bzw. Fahrzeugteile sowie diverse Chemikalien. Den größten Anteil der Exporte erbringt die Elektronikindustrie. Taiwan gilt bei der Produktion von intelligenten Maschinen als global führend und gehört zu den zehn größten Herstellern von Robotern (Mauer, 2018). Aufgrund der engen Verflechtung mit der globalen Wirtschaft werden neue Entwicklungen genau beobachtet. Und für die taiwanische Wirtschaft ist es lebensnotwendig, auf neue Trends vorbereitet zu sein. Das bedeutet auch, dass Taiwan in Sachen Digitalisierung an vorderster Front bleiben muss, um seine führende Rolle nicht zu verlieren und seine Wettbewerbsfähigkeit nicht einzubüßen. Daher sollte auch sein Bildungssystem dementsprechend ausgerichtet werden.

3.1 Bildungsreformen

Als Folge der raschen Veränderungen und den steigenden Erwartungen hat Taiwan in den letzten Jahrzehnten zahlreiche Reformen im Bildungssektor unternommen. Alle Bemühungen hier ausführlich darzustellen würde den Rahmen dieser Arbeit sprengen. Hier soll lediglich ein grober Überblick gegeben werden, um dann aktuelle Trends und Herausforderungen im Hochschulsektor in Taiwan zu analysieren.

Im Zeitraum von 1949 bis 1987 durchlief das Hochschulsystem von Taiwan eine Phase des geplanten Wachstums. Zu dieser Zeit wurden viele Junior Colleges und private Universitäten gegründet, um die aufstrebenden Industrien mit qualifizierten Arbeitskräften zu versorgen(Hsueh, 2018a). Anfang der 1990er Jahren wurde dann die Phase der Deregulierung der Bildung gestartet. Die Bildungsreform aus dem 1994 resultierte in einer massiven Ausweitung des Hochschulsektors. Die Zahl der Hochschulen stieg von 130 (1994) auf 164 (2007) (Hsueh, 2018b). Die meisten Hochschulen entstanden aber nicht neu, sondern durch ein Upgrade bestehender Fachschulen (Junior Colleges). Dies hatte zur Folge, dass die neuen Hochschulen ihre administrative Struktur mitschleppten und auch bestehende Lehrkräfte die Rolle von Hochschulprofessoren übernehmen sollten. Probleme waren also vorprogrammiert. Das damalige Ziel war, möglichst viele Ingenieure auszubilden, da sich Taiwan zu einem IT-Fertigungszentrum entwickelte. Mit der Reform ging auch ein Anstieg der Einschreibungsquote einher. Im Jahr 1991 lag diese bei 20% (Elitesystem), 2004 stieg sie auf 50% (Massensystem), und derzeit liegt sie bei gut 80 % (universelle Abdeckung). Der Anteil der Bevölkerung im Alter zwischen 25 und 64 Jahren mit einem Universitäts- oder Hochschulabschluss erreichte 2015 45% und lag damit deutlich über dem Durchschnitt der OECD-Länder von 36%(Hsueh, 2018b). Die rasche Expansion des Hochschulsektors brachte qualitative Einbußen mit sich, die sich nun zeigen. Nur wenige Universitäten von Taiwan erreichen gute Plätze auf globalen Rankings. Währenddessen gerät der tertiäre Bildungssektor aufgrund mehrerer Faktoren immer stärker unter Druck. Derzeit kämpft der Hochschulsektor mit einem Überangebot an Hochschulen. Darüber hinaus fehlt vielen Universitäten eine Spezialisierung und sie treten oftmals miteinander in Konkurrenz anstatt Allianzen zu schmieden oder Nischen zu besetzen.

3.2 Demografische Herausforderungen

Ein wesentlicher Risikofaktor für den Hochschulsektor von Taiwan ist die niedrige Geburtenrate. Schätzungen gehen davon aus, dass die Bevölkerung Taiwans im Jahr 2021 mit 23,61 Millionen ihren Höchststand erreicht haben wird und dann zu sinken beginnt (Jennings, 2018). Zwar ist das Problem der niedrigen Geburtenrate schon lange bekannt, aber bislang gelang es keiner Regierung, dem negativen Trend bei der Geburtenrate entgegenzuwirken. Taiwan weist derzeit mit 1,17 die drittniedrigste Geburtenrate der Welt auf. Und immer mehr junge Paare scheuen aufgrund niedriger Gehälter, steigender Lebenshaltungskosten und Mieten sowie fehlender Kinderbetreuungseinrichtungen davor zurück, Kinder in die Welt zu setzen. Mit direkten Konsequenzen für den Bildungssektor und den Arbeitsmarkt. Laut Angaben des Bildungsministeriums wird erwartet, dass die Zahl der Studienanfänger von 273.000 (2015) auf 158.000 im Jahr 2028 zurückgeht (Hsueh, 2018a). Das Bildungsministerium (MOE) schätzt, dass bis 2028 die Gesamtzahl der Studenten auf 723.000 (-40%!) zurückgehen wird. Dieser Rückgang wird erhebliche Auswirkungen auf das Hochschulsystem haben, da schätzungsweise 20 bis 40 Universitäten innerhalb von fünf Jahren schließen könnten (經濟日報，2019). Besonders betroffen sind kleine private Universitäten in ländlichen Regionen. Im März 2015 hat die Regierung angekündigt, die Zusammenlegung öffentlicher Universitäten zu fördern und gleichzeitig privaten Universitäten die Möglichkeit zu geben, ihre Zukunft selbst zu bestimmen. Laut Schätzungen werden zwischen 8 und 12 der 51 staatlichen Universitäten Taiwans und 20 bis 40 der 101 privaten Universitäten bis 2023 fusioniert oder geschlossen werden (Fulco, 2018).

3.3 Fachkräftemangel und Abwanderung

Laut einem Bericht von Oxford Economics ist es möglich, dass Taiwan bis 2021 das Land mit dem größten Talentemangel wird (Oxford Economics, 2019). Schon jetzt leidet die Wirtschaft unter einem enormen Fachkräftemangel und dieser bedroht die Transformation in eine Industrie 4.0. Außerdem wird dadurch die Wettbewerbsfähigkeit von Taiwan gefährdet. Darüber hinaus ist Peking sehr bemüht, qualifizierte Fachkräfte aufs Festland abzuwerben und entzieht so dem taiwanesischen Arbeitsmarkt jährlich tausende Arbeitskräfte (Everington, 2019). Sinken die Einschreibezahlen weiter, droht Gefahr, dass auch mehr taiwanesische Professoren ins Ausland gehen, wo sie neben besserer Vergütung oftmals auch bessere Karrieremöglichkeiten vorfinden. Einen Ausweg aus diesem Negativtrend bietet verstärkte Internationalisierung. Der gute Ruf taiwanesischer Universitäten in asiatischen Ländern zieht immer mehr Studierende an. Rund 38.000 der 118.000 internationalen Studierenden stammten 2017 aus ASEAN-Ländern (Fulco, 2018). Ein Jahr zuvor waren es 28.000. Die steigenden Zahlen von Studienanfängern aus asiatischen Nachbarländern könnten den Negativtrend abschwächen, lösen aber nicht die strukturellen Probleme des Hochschulsektors.

3.4 Hochschulpolitische Herausforderungen

Verschiedene Bildungsniveaus erfordern unterschiedliche Herangehensweisen für die Entwicklung künftiger Kompetenzen. Nehmen wir Programmierkompetenzen als Beispiel. Vor der High School sind Programmierkenntnisse gut für das Training von abstraktem Denken und Logik. Im College sollten sie aber als Werkzeuge eingesetzt werden, um Studierende auf die spätere Karriere vorzubereiten. Fehlen diese Kompetenzen aber, lassen sie sich im Hochschulsektor nur schwer aufholen. Wenn Studierende an der Universität vorher keinen Kontakt zum

Programmieren hatten bzw. geringe digitale Kompetenzen mitbringen, wird es schwierig, sie auf Industrie 4.0 vorzubereiten.
Völlig egal in welchem Bereich sie später arbeiten werden. Um
gut vorbereitete Absolventen von Hochschulen zu haben, müssen
die einzelnen Bildungsstufen gut abgestimmt sein und das
Kompetenztraining aufbauend integrieren. Taiwan steckt noch in
einer Transformationsphase und es gibt einiges zu tun. Deshalb
kündigte im Mai 2016 das Bildungsministerium von Taiwan mit
dem „Information Technology Education Blueprint" eine neue
Strategie an (The News Lens, 2018). Wurden Computerkurse
bisher nur in den ersten Jahren der Mittelschule und des
Gymnasiums unterrichtet, sind sie nun für Schüler der siebten bis
zwölften Klasse Pflicht. Die neue Strategie sieht vor, dass Mittel-
und Oberschulen Informatik und Lebendige Technik (living
technology) als Pflichtklassen unterrichten. Diese neuen Kurse
zielen darauf ab, den Studierenden Informatikkenntnisse zu
vermitteln und ihr rechnerisches Denkvermögen zu fördern. Die
Living Tech-Klassen sollen Schüler dabei unterstützen, Werkzeuge und Fähigkeiten für die Alltagstechnik zu erlernen und ihre
Gestaltungsfähigkeiten zu verbessern. Und darauf aufbauend
können Hochschulen die nötigen Werkzeuge für die berufliche
Karriere vermitteln.

Weltweit haben bereits über 25 Länder Pläne zur Implemen-
tierung von Programmierkenntnissen. Im Jahr 2014 hat Groß-
britannien als erstes Land neue Lehrpläne eingeführt, die auch
Programmierfähigkeiten vermitteln. In Singapur wurden im
Rahmen der *Smart Nation Initiative* mehrere Programme zur
Einführung ins Programmieren implementiert und zwar vom
Vorschulkind bis zum Erwachsenen (Smart Nation Singapore,
2019). Mittlerweile überlegt das Bildungsministerium auch,
verpflichtende Programmierkurse an allen Universitäten zu
installieren, aber es herrscht noch keine Einigkeit darüber, wie

solche Module in verschiedene Studienprogramme unterzu-
bringen sind und welche Inhalte sie haben müssen. Und es soll
nicht vergessen werden, dass IT und digitale Kompetenzen nur
einen Teil der zukünftig notwendigen Anforderungen für
Industrie 4.0 bilden.

4 Diskussion und Empfehlungen

Taiwan besitzt eine sehr robuste Fertigungsindustrie (mit der
höchsten Dichte an Maschinenanlagen der Welt) und ist ein
wichtiger Auftragsfertiger für große globale Elektronikkonzerne.
Und obwohl Taiwans Fläche klein ist und man über keine eigene
natürliche Ressourcen verfügt, kann man auf eine ausgezeichnete
globale Wettbewerbsfähigkeit verweisen. Laut dem Global
Competitiveness Report 2019 (World Economic Forum, 2019)
belegte Taiwan global den 12. Gesamtplatz. Bezüglich der
Fähigkeiten für die zukünftige Arbeit schneidet das Land weniger
gut ab (39.). Aber Taiwans wirtschaftliche Leistungsfähigkeit
basiert noch auf der Qualität seiner Humanressourcen, die sich
positiv auf die Innovationskraft der Branche auswirkt. Taiwan
befindet sich inmitten einer innovationsgetriebenen Wirtschaft.
Die Basis für den Umbruch in eine digitale Wirtschaft sind
vorhanden. Im Jahr 2017 lag Taiwan bei den Breitband-Über-
tragungsgeschwindigkeiten global auf dem dritten Platz. Trotz
aller Widrigkeiten des Hochschulsektors, kann Taiwan im
Bereich Innovation auf gute Ergebnisse verweisen. Taiwan
belegte im Bereich Innovationskapazitäten den vierten Platz unter
141 Ländern (World Economic Forum, 2019). In den letzten
Jahren haben sich taiwanesische Studenten bei internationalen
Designwettbewerben wie dem deutschen iF Award und dem Red
Dot Award einen Namen gemacht (The Central News Agency,
2018). Auch die Zahl der Patente, die von den taiwanesischen

Universitäten entwickelt wurden, und die Einnahmen aus Produkten im Zusammenhang mit geistigem Eigentum sind gestiegen.

Taiwan möchte globaler Hub für intelligente Maschinen sein, aber auch bei Internet-of-Things (IoT) sowie der Entwicklung von Künstlicher Intelligenz (KI) global mitspielen. Dafür ist eine Anpassung der Industrie notwendig. Die Regierung unterstützt die Entwicklung in diesem Bereich mit vielen Initiativen und Programmen. Schon im Jahr 2011 starteten erste Initiativen zur intelligenten Automatisierung, 2015 wurde ein Productivity 4.0-Plan gestartet. Seit 2016 werden Projekte durch den 5+2 Industrial Transformation Plan unterstützt (行政院新聞傳播處, 2015). Um Startups im Bereich Künstlicher Intelligenz zu unterstützen, hat man einen *KI Innovation Hub* eingerichtet, der die Entwicklung von rund 100 Unternehmen unterstützen soll. Und dafür sind Innovationen wichtig. Viele internationale Unternehmen arbeiten aufgrund der guten Infrastruktur im IT-Bereich in Taiwan (z.B. Microsoft, IBM, Google, Amazon, etc.).

Aber die positiven Entwicklungen sollten nicht dazu veranlassen, anzunehmen, dass die Entwicklung zu Industrie 4.0 für Taiwan ohne Probleme zu bewältigen ist. Da diese Transformation nur in Verbindung mit einer stetigen Höherqualifizierung der Arbeitnehmer klappen kann, muss sowohl die Wirtschaft als auch der Bildungssektor kontinuierlich angepasst werden. Industrie 4.0 darf nicht nur als Schlagwort für Wahlkämpfe gebraucht werden, sondern benötigt konsequente und langfristige Umsetzung von zielgerichteten Programmen und Initiativen.

Der Wandel zur Industrie 4.0 findet aber nicht nur auf technischer Ebene statt, sondern besitzt auch soziale Aspekte. Taiwan hat zwar einen ersten Schritt in Richtung Industrie 4.0 gemacht, aber die großen Herausforderungen liegen noch voraus. Durch kluge Politik und überlegtes Vorgehen lässt sich Digitalisierung und

Industrie 4.0 aber gestalten und leiten. Aus der oben dargestellten Analyse lassen sich mehrere Empfehlungen ableiten.

Zum einen muss der Hochschulsektor an künftige Anforderungen noch stärker angepasst werden. Um Studierende besser auf Industrie 4.0 vorzubereiten, müssen verstärkt Medien- und Digitalisierungskompetenzen vermittelt werden. Dies setzt Anpassungen des Curriculums und der Studieninhalte voraus. Im Zentrum der digitalen Transformation werden aber mit großer Sicherheit kollaborative Arbeitsformen, Wissbegierde und Neugier sowie der Umgang mit digitalen Anwendungen stehen. Und diese Fähigkeiten sollten in allen Bildungsstufen berücksichtigt werden, damit die Hochschulbildung daran anknüpfen kann. Es mangelt aber auch an Studien, die sich mit der Festlegung und Kontrolle der Kompetenzniveaus und der Qualifikationen von Studienabgängern beschäftigen. Zu wenig ist bekannt, welche Anforderungen in welchem Ausmaß benötigt werden. Wahrscheinlich würde eine noch engere Zusammenarbeit mit der Industrie nicht nur die Anwendbarkeit der erlernten Fähigkeiten demonstrieren, sondern auch dem Wissens- und Kompetenztransfer zwischen Hochschulen und Wirtschaft fördern. Bei der Einbindung von Studierenden in reale Projekte aus Unternehmen könnten Studierende wichtige Erfahrungen aus der Praxis sammeln.

Die digitale Transformation erfordert aber nicht nur eine höhere Qualifizierung von Studierenden, sondern auch eine kontinuierliche Aus- und Weiterbildung der Hochschuldozenten. Es muss sichergestellt werden, dass Lehrkräfte ausreichende Medien- und Digitalisierungskompetenz besitzen („Train the trainer"-Konzepte). Dieser Aspekt erscheint in der immer größer werdenden digitalen Kluft Taiwans von hoher Priorität. Dabei geht es nicht nur um das Training spezieller Softwarekenntnisse, sondern um verstärktes interdisziplinäres Wissen, größeres Technikverständnis, kritisches und analytisches Denken sowie kreative Problemlösungskompetenz. Schulungen und Fortbildungen sollten sich darauf konzentrieren. Wie in der Arbeit dargestellt wurde, wird in Taiwan bei der Entwicklung von Kompetenzen für Industrie 4.0 meist an technische/digitale Kompetenz gedacht. Das allein würde allerdings den zukünftigen Anforderungen an Abgänger nicht gerecht werden. Der Wandel in eine digitale Wirtschaft benötigt eben mehr als digitale Kompetenzen. Leider kommen bei der derzeitigen Hochschulausbildung Kompetenzen wie kritisches Denken, Systemdenken, analytisches Denken, Sozial- und Kommunikationskompetenz, aber auch selbständiges Lernen noch immer zu kurz.

Im Kontext sinkender finanzieller staatlicher Unterstützung sollten Universitäten neue Geschäftsmodelle für Hochschulbildung in einer digitalen Arbeitswelt andenken. Ausgehend vom Trend hin zu lebenslangen Lernen, könnten Universitäten in der Zukunft flexible Angebote für Weiterbildung anbieten, die von Arbeitnehmern je nach Bedarf genutzt werden können. Zum einen könnte das über Massive Open Online Courses (MOOCs) erfolgen, aber auch durch situationsbezogene und zielgerichtete und Weiterbildungskurse (Wissensnuggets). Da die Industrie in Taiwan sehr vielfältig ist, wird es hier keine all-fits-one Umsetzung geben können. Universitäten werden sich entsprechend der eigenen Stärken passende Partner aus der Wirtschaft suchen müssen, mit denen sie zusammenarbeiten können. Das würde sowohl den Hochschulsektor als auch der Industrie dienlich sein. Darüber hinaus können Hochschulen die digitale Transformation unterstützen, indem sie den Wandel durch Studien wissenschaftlich begleiten und Trends analysieren und hervorheben. Dadurch könnten die Hochschulen einen wichtigen Beitrag zur Entscheidungsfindung für neue Maßnahmen leisten.

5 Fazit

Der erfolgreiche Wandel hin zu Industrie 4.0 bestimmt in den kommenden Jahren die Wettbewerbs- und Zukunftsfähigkeit der Industrie. Der Paradigmenwechsel stellt zwar eine Herausforderung dar, ist aber keine unüberwindbare Barriere. Vielmehr lassen sich durch gezielte Maßnahmen Akzente setzen, um den Übergang zu erleichtern und die Folgen der Transformation abzufedern. Da sich die digitale Kluft aber nicht über Nacht schließen lässt, braucht es neben einer langfristigen Umsetzungsstrategie auch eine stärkere Zusammenarbeit zwischen Wirtschaft, Regierung und Bildungsinstitutionen. Und die Stärkung von Aus- und Weiterbildung auf allen Ebenen gilt als zentraler Ansatzpunkt, denn digitale Kompetenzen entstehen nicht automatisch – sie müssen trainiert werden. Da die Kompetenzanforderungen an Studienabgänger nicht nur auf technische und digitale Kompetenzen beschränkt sind, gilt es ein breiteres Kompetenztraining in den Hochschulsektor zu integrieren.

6 Literatur

Bundesministerium für Bildung und Forschung(2011). Industrie 4.0. https://www.bmbf.de/de/zukunftsprojekt-industrie-4-0-848.html [Zugriff:24.9.2019]

Bundesministerium für Arbeit und Soziales(2017). Dialogprozess. https://www.arbeitenviernull.de/dialogprozess.html [Zugriff:4.10.2019]

Bowles, J.(2014). The Computerisation of European Jobs. Who Will Win and Who Will Lose from the Impact of New Technology onto Old Areas of Employment? http://www.bruegel.org/nc/blog/detail/article/1394-the-computerisation-of-european-jobs/ [Zugriff:4.10.2019]

Deutsche Akademie der Technikwissenschaften(2016). Kompetenzentwicklungsstudie Industrie 4.0 – Erste Ergebnisse und Schlussfolgerungen. https://www.acatech.de/ publikation/kompetenzentwicklungsstudie-industrie-4-0-erste-ergebnisse-und-schlussfolgerungen/ [Zugriff:6.10.2019]

Everington, K.(2019). China adds 26 more 'measures' to lure Taiwanese. Taiwan News. https://www.taiwannews.com.tw/en/news/3809801 [Zugriff:4.11.2019]

Ferry, T.(2017). The 5+2 Industrial Innovation Plan. https://topics.amcham.com.tw/2017/05/52-industrial-innovation-plan/ [Zugriff:2.11.2019]

Fulco, M.(2018). Falling Population Squeezes Taiwan's Universities. Taiwan Business Topics . https://topics.amcham.com.tw/2018/11/falling-population-squeezes-taiwans-universities/ [Zugriff:5.11.2019]

Hans Böckler Stiftung(2015). Arbeiten in der Industrie 4.0. Trendbestimmungen und arbeitspolitische Handlungsfelder. https://www.boeckler.de/pdf/p_study_hbs_308.pdf [Zugriff:6.11.2019]

Hirsch-Kreinsen, H. (2014). Welche Auswirkungen hat "Industrie 4.0" auf die Arbeitswelt?. WISO direkt (12/ 2014), pp.1-4. http://library-fes.de/pdf-files/wiso/11081.pdf [Zugriff:13.11.2019]

Hsueh, C.-M.(2018a). Higher Education Crisis in Taiwan. https://www.insidehighered.com/blogs/world-view/higher-education- crisis-taiwan [Zugriff:13.11.2019]

Hsueh, C.-M.(2018b). Taiwan's Higher Education Threatened by Low Birthrate, 'China Factor'. https://international.thenewslens.com/article/105336 [Zugriff:13.11.2019]

ILIN Institut(2016). Digital-vernetztes Denken in der Produktion. https://ilin.eu/projects/digital-vernetztes-denken-in-der-produktion/ [Zugriff:2.11.2019]

Institut für Bildungsforschung der Wirtschaft(2016). Skills for the Future. Zukünftiger Qualifizierungsbedarf aufgrund erwarteter Megatrends. https://ibw.at/bibliothek/id/269/ [Zugriff:4.10.2019]

Institut für Technikfolgen Abschätzung(2015). Industrie 4.0. Foresight & Technikfolgenabschätzung zur gesellschaftlichen Dimension der nächsten industriellen Revolution. https://www.researchgate.net/publication/291351305_Industrie_40_Foresight_Technikfolgenabschatzung_zur_gesellschaftlichen_Dimension_der_nachsten_industriellen_Revolution_Zusammenfassender_Endbericht [Zugriff:1.11.2019]

Jennings, R.(2018). Taiwan's Population Will Decline By 2021: Why That's Bad News For Its Tech-Led Economy. https://www.forbes.com/sites/ralphjennings/2018/05/20/taiwans-population-will-decline-by-2021-why-thats-bad-news-for-its-tech-led-economy/#7657a7a65792 [Zugriff:4.10.2019]

Mauer, J.(2018). Taiwan weitet Einsatz und Produktion von Robotern aus. Germany Trade & Invest. https://www.gtai.de/gtai-de/trade/branchen/branchenbericht/ taiwan/taiwan-weitet-einsatz-und-produktion-von-robotern-aus-20480 [Zugriff:5.10.2019]

Liu & Chen(2015). Taiwan to invest NT$36 billion in Productivity 4.0 project. http://focustaiwan.tw/news/aipl/201508140011.aspx [Zugriff:4.10.2019]

McKinsey & Co.(2017) Jobs lost, jobs gained: What the future of work will mean for jobs, skills, and wages. https://www.mckinsey.com/featured-insights/future-of-work/jobs-lost-jobs-gained-what-the-future-of-work-will-mean-for-jobs-skills-and-wages [Zugriff:4.10.2019]

Oxford Economics(2019). Global Talent 2021.
https://www.oxfordeconomics.com/my-oxford/projects/
128942 [Zugriff:6.10.2019]

Porter, M.E. & Heppelmann, J.E. (2014). Wie smarte Produkte den Wettbewerb verändern. Harvard Business Manager (12/2014), S. 34-60.

Raveling, J.(2016). Berufsausbildung 4.0: Der Ausbildungsplatz in der digitalen Zukunft https://www.wfb-bremen.de/de/ page/ stories/digitalisierung-industrie40/berufsausbildung-40-der-ausbildungsplatz -in-der-digitalen-zukunft [Zugriff:6.10.2019]

Roebbel, S. & Braun, W.(2019).Reverse Mentoring.
https://blog.commerzbank.de/einblicke/19q3/reversementoring.
html [Zugriff:4.10.2019]

Schmid, U.(2017). Welche Kompetenzen braucht Industrie 4.0?
https://www.hr40.digital/welche-kompetenzen-braucht-industrie-4-0/ [Zugriff:4.10.2019]

Statistika(2019). Anteil der Wirtschaftszweige an der Bruttowertschöpfung* in Deutschland im Jahr 2019.
https://de.statista.com/statistik/daten/studie/36846/umfrage/ antei l-der-wirtschaftsbereiche-am-bruttoinlandsprodukt/ [Zugriff:4.10.2019]

Stifterverband für die Deutsche Wissenschaft e.V.(2016). Hochschulbildung für die Arbeitswelt 4.0.
file:///C:/Users/user/ Downloads/hochschul-bildungs-report_ 2016.pdf [Zugriff:3.12.2019]

Smart Nation Singapore(2019). Transforming Singapore Through Technology.
https://www.smartnation.sg/ [Zugriff:4.10.2019]

Taipei Times(2018). Taiwan aims to be global hub for smart machin ery: president. http://www.taipeitimes.com/News/biz/ archives/2018/08/30/2003699431 [Zugriff:4.10.2019]

The Central News Agency(2018). Taiwanese designs win 24 Red Dotdesign concept awards.

http://focustaiwan.tw/news/aedu/201809280024.aspx
[Zugriff:4.10.2019]

The News Lens(2018). FEATURE: Is Taiwan Ready for an Automated Future?
2018/3/5 https://international.thenewslens.com/article/ 89686 [Zugriff:4.10.2019]

Willis Towers Watson(2018). The Global Future of Work Survey.
https://www.willistowerswatson.com/zhTW/News/2018/02/ employers-in-asia-pacific-expect-workplace-automation-to-surge-in-the-next-3-years [Zugriff:4.10.2019]

VDMA(2016). Industrie 4.0 – Qualifizierung 2025.
https://arbeitsmarkt.vdma.org/documents/7974667/7986911/ VDMA-Studie%20Qualifizierung%202025/f88fce03-d94e-46cb-a60f-54329236b2b7 [Zugriff:13.11.2019]

World Economic Forum(2019). Global Competitiveness Report 2019: How to end a lost decade of productivity growth.
https://www.weforum.org/reports/how-to-end-a-decade-of-lost-productivity-growth [Zugriff:13.11.2019]

行政院新聞傳播處(2015)。毛揆：生產 4.0 發展方案 促進產業創新轉型。2019 年 11 月 20 日，取自
https://www.ey.gov.tw/Page/9277F759E41CCD91/ 877a31b3-1007-46af-978d-0f0ae2b29e7e

經濟日報(2019)。從三大指標看高教崩壞 40 所大學明年恐退場？2019 年 11 月 7 日，取自
https://money.udn.com/money/story/5648/4152032?utm _source=moneylinemobile&utm_medium=share

Die Relevanz des Grundwissens im Außenhandel für die Handelskorrespondenz
– Ein Erfahrungsbericht einer Bilanzbuchhalterin in Deutschland

Tseng, Wei-Lin

Abstract
Vorab möchte ich die Hintergründe darlegen, die es empfehlens-wert machen, eine fremdsprachliche Ausbildung mit der Mög-lichkeit einer wirtschaftlichen Vertiefung anzubieten, die auf den internationalen Handel fokussiert ist. Desweiteren werde ich die Argumentation mit meiner eigenen Vita untermauern. Ich habe Deutsch als Fremdsprache studiert und nach dem Abschluss meine berufliche Zukunft in Wirtschaftsunternehmen gefunden. Zuletzt werde ich zeigen, welche Konsequenzen ich aus meinen Erfahrungen in Hinblick auf meinen Unterricht als Lehrerin wirt-schaftlicher Themen an einem College für Deutsch als Fremd-sprache gezogen habe.

Keywords: Akkreditiv, Außenhandel, Buchhaltung, berufs-orientierter Deutschunterricht, Incoterms, Lieferbedingungen, Wirtschaft, Zahlungsbedingungen

國際貿易基礎知識對於商務書信的重要性
－ 一位曾經在德國擔任總帳會計的經驗談

摘要
筆者首先想要闡明在外語教育的課程規劃中，以國際貿易為主軸，深化商務知識的必要性。此外，筆者將以自身的職場經驗作為上述論點的基礎。筆者在結束德國語文學系的學業後，進入國際企業，從此開始職業生涯。最後本文將闡述筆者在擔任一外語大學商務課程的講師之教學經驗中所獲致的結論

關鍵詞：信用狀、國際貿易、會計、職業導向的德語教學、國貿條規 (Incoterms)、出貨條件、經濟、付款條件

Einleitung

Fremdsprachen sind enorm wichtig in einer Welt, die zusammenrückt. Sie sind essentiell für die Kommunikation über nationale und kulturelle Grenzen hinaus, die zumeist auch Sprachbarrieren darstellen. In einer zunehmend globalisierten Welt nimmt die Bedeutung internationaler Kommunikationsfähigkeit weiterhin zu. Fremdsprachen fördern den Tourismus. Sie vertiefen das Verständnis von anderen Kulturen, sie fördern die internationale politische Vernetzung in Form von Bündnissen und Pakten.

Sicherlich am stärksten ist der Einfluß von Fremdsprachen sichtbar im internationalen Handel. Für eine exportorientierte Wirtschaftsnation wie Taiwan ist das von besonderer Bedeutung. Es braucht neben guten Produkten und Dienstleistungen vor allem den mentalen Zugang zu den Emotionen anderer Kulturen, der ohne eine verbindende Fremdsprache als Hilfssprache unmöglich ist.

Noch erfolgreicher werden internationale Handelsperspektiven, wenn man die Muttersprache der potenziellen Kunden beherrscht. Grundsätzlich gilt, dass je umfangreicher die Kenntnisse in einer Fremdsprache sind, um so tiefer können die Einblicke in eine andere Kultur und ihre Befindlichkeiten sein.

Das ist deshalb so wichtig, weil Kaufentscheidungen meist nicht einfachen rationalen Bedürfnissen folgen. Kaufentscheidungen sind in der Regel komplex. Sie sind bestimmt von emotionalen Wertvorstellungen. Geschmack spielt da eine wesentliche Bedeutung, und der ist bestimmt von sozio-kulturellen Wertmaßstäben. Es braucht umfangreiche sprachliche Ausdrucksmöglichkeiten, um den Zeitgeist zu charakterisieren und ihn beispielsweise in ein entsprechendes Marketingkonzept einfließen zu lassen.

Die Qualität von Fremdsprachenkenntnissen bestimmt auch alle anderen Bereiche wirtschaftlichen Handelns. Das wird vielleicht am besten deutlich in Bezug auf internationale Vertragsabschlüsse. Die müssen rechtsverbindlich abgefasst sein und erfordern deswegen einen besonders präzisen Umgang mit Sprache und Kenntnisse juristischer Formeln. Da hat man in der eigenen Muttersprache oft schon Verständnisprobleme ohne spezielle Ausbildung.

An dieser Stelle wird deutlich, dass neben den Sprachkenntnissen in einer anderen Sprache auch fachliche Kenntnisse relevant sind. Und hier reichen nicht die fachspezifischen Kenntnisse der eigenen Kultur oder Nation. Jedes Land hat seine eigene Geschichte mit eigenen Normen, Regeln und Gesetzen.

Das ist schon zu berücksichtigen bei Geschäftsbeziehungen zwischen Deutschland und einem anderen deutschsprachigen Land wie Österreich oder der Schweiz. Die juristischen Systeme können ähnlich, aber auch sehr unterschiedlich sein. Zum Vertändnis reicht dann nicht die Kenntniss des eigenen Systems. Ich möchte damit zum Ausdruck bringen, dass Fremdsprachen im sogenannten „Global village" essentiell sind. Aber erst mit der Fähigkeit, sie fachspezifisch anzuwenden, um konkrete Aufgaben auszuführen, entsteht ein mächtiges Werkzeug.

Viele Zukunftprognosen weisen daraufhin, dass die internationalen wirtschaftlichen Verflechtungen weiter zunehmen werden. Die internationale Geschäftsentwicklung spielt in immer mehr

Unternehmen eine immer wichtigere Rolle. Das führt zwangs-
läufig auch zu einem wachsenden Arbeitsmarkt in diesem Bereich.
Menschen, die Fremdsprachen studiert haben, sind hier will-
kommen. Die Chancen, sich erfolgreich zu bewerben, steigen
aber deutlich, wenn neben den Fremdsprachenkenntnissen auch
Fachkenntnisse erworben wurden.

Mir ist es deshalb wichtig, das Thema Fremdsprachen im Kontext
des internationalen Handels mit anwendungsorientiertem
Schwerpunkt zu betrachten. Dieser Fokus beeinflusst zunehmend
die Ausbildung Sprachlernender. Berufsschulen, Colleges, Fach-
hochschulen und Universitäten bieten vermehrt betriebswirtschaftliche Schwerpunkte in der Fremdsprachenausbildung an. Es
gibt mittlerweile ganze Studiengänge, deren ausschließlicher
Schwerpunkt in der beruflichen Anwendung der zu erlernenden
Sprache liegt. So entstehen z. B. im asiatischen Raum Studiengänge mit der Bezeichnung „Applied German", die sich inhaltlich
deutlich unterscheiden von der traditionellen Germanistik, die
Sprache vor allem im kulturellen Kontext mit literarischem
Schwerpunkt sieht.
Mein Anliegen ist es, diese neue Entwicklung zu unterstützen, in
dem ich die Vorteile einer anwendungsorientierten Sprachausbildung hervorhebe. Diese neuen Studienkonzepte sind eine sinn-
volle Ergänzung etablierter Angebote, weil sie ausgerichtet sind,
die Beschäftigungsmöglichkeiten der Lernenden zu verbessern.
Ich habe dazu eigene Erfahrungen gemacht als Studierende der
Germanistik, als Angestellte in Wirtschaftsunternehmen und als
Lehrerin an einer Fachhochschule für Sprachen. Deshalb möchte
ich zum besseren Verständnis meiner Ideen und Vorschläge im
weiteren Verlauf meine eigene Vita mit falltypischen Beispielen
heranziehen.
Ich habe in den achziger Jahren an einer taiwanischen Hochschule
Germanistik studiert. Der Abschluss bot mir die Gelegenheit,

mich in Deutschland für Psychologie einzuschreiben. Mein Studium der Germanistik, plus mein Studienaufenthalt in Deutschland, haben meine Ausdrucksmöglichkeiten in der deutschen Sprache enorm verbessert.

Bei der Suche nach einem Arbeitsplatz hat mir diese besondere Sprachfähigkeit in Deutschland aber nicht geholfen. Alle Chancen, als Psychologin zu arbeiten, verwarf ich schnell, weil ich weder promoviert war noch über eine Zusatzqualifikation als psychologische Therapeutin verfügte. Aus Sicht des deutschen Arbeitsmarkts hatte ich somit keine Qualifikation, denn auch Deutsch sprechen ist in Deutschland nichts Besonderes. Fließendes Deutsch ist selbstverständlich. Und so war ich sozusagen in der vergleichsweisen Situation wie ein deutscher Arbeitssuchender, der nicht über eine Berufsausbildung verfügt.

Ich brachte mit meinen Deutschkenntnissen eine Fähigkeit mit, die jeder Einheimische in diesem Land konnte, aber mir fehlte quasi eine Ausbildung, die mich für einen bestimmten Beruf qualifizierte bzw. Zusatzqualifikationen, um als Psychologin zu arbeiten. Das Erlernen einer fremden Sprache ist eine Herausforderung, die viel Intelligenz und Fleiß braucht. Aber in dem Umfeld, wo die Sprache gesprochen wird, sieht man das allgemein Selbstverständliche nicht als eine Leistung an.

Einerseits ist eine hohe Sprachfertigkeit in einer Fremdsprache eine großartige Leistung und ein wichtiges Kapital am Arbeitsmarkt, andererseits braucht jede Branche auch ihre spezifische, fachliche Qualifikation. Gerade im internationalen Handel braucht es die Synthese von beidem. Es braucht die Fähigkeit, sich fachlich in der anderen Sprache auszudrücken.

Wenn ich z. B. einen internationalen Kaufvertrag abschließe, dann muss ich wissen, was in Bezug auf die Zahlungsbedingungen ein Akkreditiv ist. Und ich muss in der Lage sein, dieses Zahlungsverfahren in allen Details fremdsprachlich durchzuführen. Das zentrale Argument für ein gleichzeitiges Erlernen einer Fremdsprache und Wirtschaft liegt somit in den synergistischen Effekten.

Daneben ist es selbstverständlich von großer Bedeutung für die Arbeitssuchenden, dass sich die wenigen Beschäftigungsmöglichkeiten für Absolventen von Fremdsprachenstudiengängen erheblich ausweiten, wenn sie einen wirtschaftlichen Schwerpunkt wählen. Dann haben sie am internationalen Arbeitsmarkt durchaus Vorteile gegenüber Bewerbern, die nur ein wirtschaftliches Fachstudium abgeschlossen haben.

In meiner schwierigen Lage bei der Arbeitssuche nach dem Studium in Deutschland, fragte ich mich, welcher Arbeitgeber denn in einem Land, in dem Deutsch von jedem gesprochen wird, meine Fähigkeit schätzen würde? Da kamen eigentlich nur taiwanische Firmen mit Niederlassungen in Deutschland in Frage, sowie deutsche Firmen mit Aktivitäten in Taiwan. Solchen Unternehmen konnte ich immerhin meine mehrsprachliche Kompetenz in Deutsch und Chinesisch anbieten.

Sprachliche Barrieren sind für alle im Ausland tätigen Niederlassungen ausländischer Unternehmen eine Herausforderung. Nur damit würde ich punkten können, denn eine wirtschaftliche Qualifikation, vielleicht sogar im internationalen Handel, hatte ich nicht.

So begann ich mein Berufsleben nach zwei absolvierten Studiengängen als Hilfskraft im Büro eines taiwanischen Unternehmens in Düsseldorf. Hier hatten alle Mitarbeiter eine wirtschaftliche Ausbildung. Eine Studentin im Nebenjob wies mich ein. In der Hauptsache war ich für die Ablage zuständig und sammelte Belege für die Buchhaltung. Für die Buchhaltung war die Muttergesellschaft zuständig, die erwartete, dass alle relevanten Belege und andere Dokumente lückenlos gesammelt und ihnen zur Verfügung gestellt wurden. Ich tat nur das, was keine Vorbildung erforderte. In dieser Position waren auch meine Deutsch-kenntnisse wenig gefragt.

Deshalb habe ich mich entschlossen, nach Feierabend bei der Industrie und Handelskammer (IHK) Kurse zur Buchhaltung zu belegen. Das war ein wesentlicher Einstieg zu einer betriebs-wirtschaftlichen Qualifikation. Die IHK bietet für sehr viele Wirtschaftsbereiche Kurse an, um Arbeitssuchende und Beschäf-tigte zu qualifizieren. In Düsseldorf waren auch die Kurse für Marketing und Vertrieb sehr umfangreich. Solche Angebote sind äußerst interessant für Absolventen von Sprachstudiengängen, die trotz fehlender Fachausbildung den Wunsch haben, in der Wirtschaft zu arbeiten. Ich wurde so zu einem Besucher sämtlicher Kurse zur Finanzbuchhaltung, so dass ich nach drei Jahren die Bilanzbuchhalterprüfung vor der Kammer bestehen konnte.

Nun beherrschte ich die Grundlagen der Betriebswirtschaft, der Volkswirtschaft und des Wirtschaftsrechts. Ich kannte die Rechnungslegungsvorschriften und verstand die Jahresabschluss-analyse. Mit dem Wissen aus der Steuerlehre erschloss sich mir das Steuerrecht, vor allem des Umsatzsteuergesetzes. Ich kannte mich im Finanzmanagement aus und konnte die Kosten- und Leistungsrechnung durchführen. Ich war also auf essentiellen Gebieten der Unternehmensführung umfassend kompetent geworden. Ich war jetzt eine Fachkraft mit amtlichem Kompe-tenznachweis.

Mittlerweile arbeitete ich in einem anderen taiwanischen Unter-nehmen, wo die Bilanzierung nicht durch die Muttergesellschaft in Taiwan durchführt wurde, sondern selbstständig von der deutschen Niederlassung nach deutschem Recht. Neben der qualifizierten Einweisung durch eine Fachkraft spielte das in der IHK erworbene Wissen eine wichtige Rolle, um den voll-ständigen und korrekten Überblick in meinem Arbeitsbereich zu gewinnen. Zu meinem Tätigkeitsbereich gehörten die tägliche Buchführung, Monats- und Jahresabschlüsse, die Zusammenarbeit mit den Steuerbehörden und die Durchführung der Akkreditivgeschäfte.

Und jetzt waren auch meine Kommunikationsfähigkeiten in Deutsch und Chinesisch gefragt. Ich wurde zum Bindeglied zwischen der Unternehmensführung und dem Finanzamt. Gerade für den reibungslosen Ablauf der Wirtschaftsprüfungen waren meine Fachkenntnisse in zwei Sprachen ausschlaggebend. Ich konnte mit meinem Chef auf Chinesisch fachsimpeln und gleichzeitig alle Anfragen der Wirtschaftsprüfer auf Deutsch beantworten. Die mehrsprachliche Kompetenz war bei dieser Aufgabe auch deshalb so wichtig, weil unterschiedliche Steuergesetze in Deutschland und Taiwan und ihre Auslegungen sehr schnell zu Missverständnissen mit erheblichen Konsequenzen führen können.

Man muss fiskal schon sehr präzise sein, wenn man sich auch im steuerlichen Sinne ökonomisch verhalten will, ohne Nachzahlungen und Strafen zu riskieren. Wirtschaftlicher Erfolg und Steuern sind ein sensibler unternehmerischer Bereich. Wer hier fremdsprachlich und fachlich souverän ist, wird von der Unternehmensleitung hochgeschätzt.

In dieser dualen Funktion als Sprachexpertin und Buchhalterin wuchs meine Verantwortung in der Firma deutlich an. Ich sah mich immer mehr in einer Vertrauensposition und habe es auch persönlich genossen, dafür vom Niederlassungsleiter entsprechend geschätzt und honoriert zu werden.

Letztlich hat mir die Bestätigung, die ich durch meine sprachlichen und fachlichen Talente bei der Arbeit gefunden habe, den Mut gegeben, mich bei deutschen Unternehmen zu bewerben. So durfte ich dann unter anderem für die Leasingtochtergesellschaft einer deutschen Großbank arbeiten.

Rückblickend zu meiner Lebens- und Arbeitszeit in Deutschland kann ich sagen, dass ich die besseren Beschäftigungsmöglichkeiten immer in der Wirtschaft gefunden habe, wobei die Einstellungs- und Aufstiegschancen mit wachsender fachlicher Kompetenz deutlich wuchsen.

Seit meiner Rückkehr nach Taiwan arbeite ich an einem College für Sprachen. Ich unterrichte Deutsch als Fremdsprache. In meinen Kursen zur Handelskorrespondenz sehe ich die Gelegenheit, meine Berufserfahrungen in Wirtschaftsunternehmen weiterzugeben.

Ich verwende wenig von der speziellen Wirtschaftsliteratur für Lernende von Deutsch als Fremdsprache. Mir sind die Lektionen oft zu vereinfacht, nicht aktuell oder zu theoretisch. Die meiste Literatur zur Handelskorrespondenz für Lernende mit Deutsch als Fremdsprache hat ihren Schwerpunkt beim formalen Aufbau eines Geschäftsbriefes und bei dem Aufbau des Textes aus Textbausteinen. Inhaltliche Erklärungen zum Textgegenstand fehlen häufig. Aber man kann Handelskorrespondenz nicht verstehen, ohne parallel dazu auch die Grundlagen für den internationalen Handel zu berücksichtigen.

Geschäftsbriefe kann man erst verstehen, wenn man die zugrunde liegenden Vorgänge versteht. Es reicht nicht aus, Textbausteine zusammenzupuzzeln. Es braucht ein Verständnis des Fachvokabulars, der zu bearbeitenden Prozesse und der branchenüblichen Formulierungen.

Um zu verstehen was es heißt *„einen Wechsel zu ziehen"* muss klar sein, dass ein Wechsel ein Zahlungsmittel ist und das Verb *ziehen* im Sinne von *ausstellen* gebraucht wird. Der Satz „Die Preise verstehen sich FOB Hamburg" berücksichtigt die Lieferbedingungen bezogen auf Fracht an Bord eines Schiffes im Hamburger Hafen. Das Verb *verstehen* meint hier *gelten*. Die Lieferbedingung ist so zu verstehen, dass die Kosten für den

Transport zum Hafen und für die Verladung dem Käufer nicht in Rechnung gestellt werden.

Das Wissen um Inhalte und korrekte Formulierungen wird besonders wichtig, wenn juristische Kriterien eine Rolle spielen, so wie bei Angeboten, die je nach Form eine juristische Rechtsverbindlichkeit haben. Die Lernenden müssen unbedingt wissen, dass die in einem Angebot gemachten Leistungen unter Umständen unwiderruflich und einklagbar sind. Unwissen schützt hier nicht vor den Konsequenzen, die sich wahrscheinlich unerwartet und zum finanziellen Schaden für ein Unternehmen entwickeln können.

Ich möchte nun sozusagen als Konsequenz meiner Erfahrungen drei kardinale Eckpunkte der Ausbildung für Deutsch als Fremdsprache mit wirtschaftlichem Schwerpunkt markieren. In den weiteren Ausführungen dient mir dabei das Unterrichtsfach Handelskorrespondenz als Leitfaden.

Es geht um:
1. den Umfang der zu erwerbenden Deutschkenntnisse
2. die Bedeutung guter Englischkenntnisse
3. Kenntnisse der Grundlagen des Außenhandels

Deutschkenntnisse
In der Wirtschaft geht bei der Korrespondenz per E-Mail oder Postbrief der Trend dahin, komplizierte Sätze zu vermeiden. Einfache, kurze und leicht verständliche Formulierungen werden bevorzugt.

Der Grund ist ganz einfach: Je unkomplizierter die Sätze sind, desto unwahrscheinlicher kommen Missverständnisse vor, die Unannehmlichkeiten und Kosten verursachen könnten. Obendrein verkürzt sich auch die Bearbeitungszeit. Es wird abgeraten, zu komplizierte und umständliche Ausdrücke zu wählen, wie sie

z. B. bei manchen Akademikern verbreitet sind. Lange, verschachtelte Sätze mit Nebensätzen sind definitiv zu vermeiden. Das fällt besonders den begabten Lernenden schwer, weil sie so gerne ihre Sprachfertigkeit beweisen.

Ebenso sind Worthülsen und Ausschmückungen unangebracht, die lediglich eine gewisse Feinheit im Ausdruck zeigen, ohne in der Sache informativ zu sein. Oft lenken sie vom Inhalt ab und machen die Satzaussage missverständlich.

Gewünscht sind kurze, leicht verständliche Sätze mit prägnanter Aussage. Ein Geschäftsbrief ist kein literarisches Werk. Eine höfliche und ansonsten funktionale Formulierung ist entscheidend.

Grundsätzlich sind die Qualitätskriterien maßgeblich, die das Goethe Institut für die Schreibmodule seiner Zertifikatsprüfungen aufgestellt hat.

1. Das Thema des Briefes muss inklusive aller seiner wichtigen Aspekte mit den relevanten Details in fachlich korrekter Form klar beschrieben werden.

2. Die inhaltlichen Beziehungen der Textteile sind logisch zu verbinden. Der Aufbau muss dafür chronologisch strukturiert sein

3. Es sind das themenspezifische Fachvokabular und die branchenüblichen Formulierungen anzuwenden.

4. Die sprachlichen Mittel müssen die Positionen, Standpunkte, Forderungen etc. des Schreibers in einer Weise erörtern, die unmissverständlich, klar und deutlich ist. Inhaltliche Rückfragen sollen so umgangen werden.

5. Grammatik, Rechtschreibung und Zeichensetzung sollen fehlerlos sein und einen positiven Eindruck hinterlassen, der letztlich die Professionalität des ganzen Unternehmens spiegelt und so indirekt vor

allem auf die Qualität der Produkte oder Dienstleistungen hinweist.

Die besonderen Anforderungen bei der Handelskorrespondenz machen bei Berufsanfängern nicht wirklich Deutschkenntnisse auf einem sehr hohen Niveau, wie z. B. C1, notwendig. Literaturkenntnisse und eine belletristische Ausdrucksweise werden auch nicht gebraucht.
Solide Kenntnisse auf B1-Niveau sind eine ausreichende Voraussetzung für den umfänglichen Einstieg in alle Wirtschaftsthemen. Da wo ein komplettes Studium für Wirtschaftsdeutsch angeboten wird, ist auch der Einsatz von vereinfachten Wirtschaftsthemen bereits auf A1-Niveau sinnvoll. Dafür steht reichlich geeignetes Lehrmaterial für den DaF-Unterricht bereit.

Wenn die Sprache in der Handelskorrespondenz auch relativ einfach gehalten ist, so bereitet es doch einigen Lernenden Probleme, einen Sachverhalt oder einen Vorgang logisch zu erklären und ihn dabei in einzelne Schritte zu zerlegen.
Einige Probleme bereitet am Anfang auch die Fachsprache. Oft werden Begriffe benutzt, die nicht mehr im allgemeinen Sprachgebrauch sind. So werden z. B. *Akkreditive avisiert.* Hier kommt ein heute unübliches Verb zum Einsatz, wo die Studierenden gleich fragen, ob man das so altmodisch ausdrücken muss. Kann man nicht einfach *mitteilen* sagen, ist dann ein häufiger Vorschlag. Das sei schließlich ein Verb, das jeder kennt.
Auf diesen Einwand entgegne ich gerne damit, dass die Einhaltung eines feststehenden und eindeutigen Fachvokabulars der unmissverständlichen Ausdrucksweise dient. Das gilt vor allem, wenn sich alle daran halten. Eine Notwendigkeit, diesen Fachjargon zu lernen, ist somit gegeben.

Wenn auch die schriftliche Handelskorrespondenz ein wichtiges Mittel der Kommunikation ist, so darf nicht außer Acht gelassen werden, dass sie in der Regel parallel zur telefonischen Kommunikation Anwendung findet.

Briefe haben den Vorteil, dass man etwas in die Hand bekommt, auf das man sich verbindlich berufen kann. Auch gibt es weniger Verständnisprobleme. Deswegen sollten mündliche Vereinbarungen unbedingt schriftlich bestätigt werden.

Dem gegenüber ist das Telefon schneller. Das ist ein Vorteil, wenn Eile geboten ist. Außerdem können am Telefon sofort Nachfragen gestellt werden. Das Telefon macht einen umfangreichen Dialog zu einer Handelsangelegenheit möglich, für die schriftlich ein enormes Hin und Her notwendig wäre.

Somit hat in der Handelskorrespondenz neben dem Schriftlichen auch das Gesprochene eine große Bedeutung. Die Lernenden müssen unbedingt beide Fähigkeiten entwickeln.

Es ist deshalb absolut sinnvoll, in einem Kurs zur Handelskorrespondenz neben der Vermittlung von Grundwissen zum internationalen Handel das Schreiben von Geschäftsbriefen zu üben und auch in Rollenspielen den telefonischen Austausch zwischen zwei Unternehmen zu demselben Handelsthema zu lernen.

Englischkenntnisse

Neben den Deutschkenntnissen bei der Kommunikation mit einem deutschsprachigen Handelspartner sind auch Englischkenntnisse von Vorteil. Englisch ist natürlich die wichtigste internationale Verkehrssprache. Da taiwanische Unternehmen selbstverständlich nicht nur mit deutschsprachigen Partnern Geschäfte machen, sind solide Englischkenntnisse mindestens so wichtig wie Deutsch.

Daneben werden aber beim Gebrauch deutschen Fachvokabulars auch englische Fachwörter verwendet, weil viele internationale

Handelsabkommen auf Englisch abgefasst sind. Für die feststehenden Begriffe dieser Abkommen gibt es nicht immer deutsche Übersetzungen.

Ein wichtiges internationales Vertragswerk, das die Lieferbedingungen zwischen zwei oder mehr Ländern so wie den Transithandel regelt, sind die Incoterms. Für die gibt es zwar Übersetzungen, aber in Frachtpapieren und bei den Frachtmarkierungen (Kollo-Bezeichnungen) werden im internationalen Handel nur die englischen Bezeichnungen verwendet. So werden Probleme vermieden, wenn z. B. ein deutschsprachiger taiwanischer Unternehmer und sein deutscher Handelspartner eine Lieferung vereinbaren, aber diese von einem nicht deutschsprachigen Spediteur ausgeführt wird und auch noch die Route aller Wahrscheinlichkeit nach nicht über ein deutschsprachiges Transitland führt. Deshalb sind nur die englischen Bezeichnungen universell und auch uneingeschränkt international tauglich!

Aus den genannten Gründen ist es empfehlenswert, im Kurs Handelskorrespondenz den Lernenden auch die englischen Fachbegriffe mitzugeben.

Grundkenntnisse im Außenhandel

Das Lehrbuch zur Handelskorrespondenz unserer Lehranstalt enthält Erklärungen zum Aufbau eines Geschäftsbriefes und zeigt den Umgang mit Textbausteinen zu ausgewählten Themen wie: Firmennachweis, Anfrage, Angebot, Liefernachweis usw.

Das beurteile ich vor allem vor dem Hintergrund meiner praktischen Erfahrungen als unzureichend für einen kompetenten Umgang mit den Inhalten der oben genannten Geschäftsbriefe. Wenn ich nicht sicher weiß, was ich schreibe, dann tauge ich in einem Büro nur zur Hilfskraft, deren Arbeit von einer Fachkraft zu überwachen ist.

Ein eigenverantwortliches Abfassen erfordert unbedingt ein Verständnis der fachlichen Zusammenhänge zu jedem relevanten Thema. Erst so entsteht eine echte Kompetenz, die bei einer Bewerbung Vorteile bringt. Das Fachwissen sollte so umfangreich sein, und darauf hatte ich weiter vorne in Bezug auf schriftliche Angebote bereits hingewiesen, dass die Formulierungen für Angebote so gewählt werden, dass die Rechtsverbindlichkeit des Schreibens ganz im Sinne des Unternehmens definiert ist.

Das funktioniert nur unter Einbeziehung der entsprechenden Kenntnisse um die Freizeichnungsklauseln. Nur so kann z. B. die Haftung aus der rechtlichen Bindung an ein verlangtes Angebot eingeschränkt oder gar ausgeschlossen werden. Fehler durch Unwissenheit müssen hier unbedingt vermieden werden, um Kunden nicht zu vergrämen und finanziellen Schaden vom Unternehmen abzuwenden.

Ein Kurs zu den Grundlagen des internationalen Handels sollte entweder einem Kurs zur Handelskorrespondenz vorausgehen oder in einen Kurs zur Handelskorrespondenz integriert werden.

Aus Gründen eines kleinen Zeitrahmens handhabe ich das so, dass ich im ersten Teil nur allgemeine Grundlagen unterrichte, und im zweiten Teil zu jedem Thema eines Geschäftsbriefes auf die jeweiligen speziellen Aspekte sowie juristische Besonderheiten eingehe.

Im Rahmen des internationalen Handels spielen Liefer- und Zahlungsbedingungen eine herausragende Rolle. Sie erfordern viel Zeit für die schriftliche und telefonische Kommunikation. Beim internationalen Gütertransport sind Störungen häufig. Manchmal ist auch höhere Gewalt daran schuld, wenn z. B. Unwetter den Schiffstransport behindern.

Bei Störungen muss sofort gegengesteuert werden und der Käufer informiert und gegebenfalls entschädigt werden. Stellen Sie sich vor, ein Unternehmen macht eine Angebotsaktion für Laptops zu einem bestimmten Term, aber die Rechner können nicht zum vereinbarten Termin geliefert werden.

Dieses Thema muss im Unterricht einen eigenen Schwerpunkt bilden, weil sehr viele Dinge auch hinsichtlich der Kostenübernahme und der Haftung bei Lieferstörungen zu beachten sind. In Geschäftsbriefen finden sich oft Kürzel wie EXW, FOB, CIF oder DDP zu den Liefervereinbarungen. Hinter diesen Kürzeln steht eine Nomenklautur exakter Lieferkriterien, die im Vertragswerk der Incoterms (International Commercial Terms) beschrieben sind. Die Incoterms sind standardisierte internationale Lieferbedingungen, die von der internationalen Handelskammer (ICC) in Paris verwaltet werden. Auf Grundlage der Incoterms wird fast der gesamte weltweite Handel abgewickelt.

Die Incoterms müssen im Schwerpunktthema Lieferbedingungen deshalb eine Priorität bekommen, sonst kann man unmöglich verstehen, was z. B. in einem Angebot die Formulierung *„Die Preise verstehen sich FCA Kaohsiung"* heißt.

Vergleichbar komplex wie die Lieferbedingungen sind auch die Zahlungsverfahren. Hier ist ebenfalls ein eigener Schwerpunkt bei den Grundlagen des internationalen Handels zu setzen. Die Zahlungsbedingungen sind auch deswegen so difizil, weil bei internationalen Vertragspartnern ein gegenseitiges Vertrauensverhältnis oft erst aufgebaut werden muss. Und da bekanntlich beim Geld die Freundschaft endet, sind besondere Konstruktionen notwendig, um die Bereitschaft zu schaffen, z. B. einen Millionenbetrag für eine Maschine zu überweisen, die noch nicht geliefert wurde. Oder umgekehrt, eine Maschine zu liefern, die noch nicht bezahlt wurde.

Das wichtigste Zahlungsverfahren ist das Akkreditiv. Es ist besonders sicher inklusive diverser Rückversicherungen, um ausreichendes Vertrauen für einen Vertragsabschluss zu schaffen. Anhand eines Dokumenten-Akkreditivs möchte ich beispielhaft ausbreiten, was von den Studierenden im Kurs Handelskorrespondenz zu lernen ist.

Dokumenten-Akkreditive habe ich in meiner beruflichen Praxis häufig betreut. Zum genauen Verständnis dieses Zahlungsverfahrens und zur Einschätzung des Aufwands, ein solches Verfahren zu bearbeiten, werde ich jetzt erklären, wie es funktioniert und welche schriftlichen und telefonischen Maßnahmen die Betreuung begleiten.

Ein Akkreditiv bezieht die Hausbanken der Geschäftspartner bei der Zahlungsabwicklung mit ein. Den Banken wird wegen ihrer Größe und internationalen Geschäftstätigkeiten mehr Vertrauen entgegengebracht als dem potenziellen und vielleicht noch fremden Geschäftspartner aus einem fernen Land.

Ein Akkreditiv beginnt mit einem entsprechenden Auftrag des Käufers bei seiner Hausbank. Die Bank des Käufers macht nach einer Bonitätsprüfung ein Zahlungsversprechen gegenüber dem Verkäufer. Die Bank und nicht der Käufer schuldet folglich dem Verkäufer den Kaufpreis für die Ware, die gekauft wurde.

Die Bank verknüpft aber die Bezahlung an Bedingungen, deren Einhaltung der Verkäufer durch entsprechende Dokumente belegen muss. Ein Verkäufer kann so angewiesen werden, die Produktion der bestellten Waren durch ein Inspektionszertifikat eines amtlichen Prüfers nachzuweisen. Desweiteren werden in der Regel für den Nachweis der Verladung der Ware die Frachtpapiere des beauftragten Spediteurs angefordert.

Werden die geforderten Nachweise fristgerecht eingereicht, so werden die vereinbarten Zahlungen umgehend überwiesen. Die Bank des Käufers belastet einfach das Konto des Käufers.

Das Interessante ist aber, das bei Zahlungsunfähigkeit des Käufers dessen Hausbank weiterhin verpflichtet ist, den Kaufpreis zu leisten. Der Verkäufer kann also sicher sein, sein Geld zu bekommen, und der Käufer kann durch die Dokumente sicher sein, dass seine Bestellung wirklich bearbeitet und verschifft wird. Die grafischen Darstellungen unten geben einen Überblick darüber, wie viele Schritte in der Akkreditivabwicklung notwendig sind, die alle sorgfältigst und fristgerecht zu überwachen sind. Eine Fachkraft des Verkäufers muss erkennen, wenn Dokumente zur Einreichung bei der Akkreditivbank nicht exakt den Vereinbarungen entsprechen. Die Bank kann bei den geringsten Abweichungen die Zahlung verweigern. Kommt es dazu, muss der Bearbeitende sofort schriftlich und telefonisch reagieren.

Der begleitende Briefverkehr muss genauso fristgerecht und inhaltlich korrekt ablaufen. Das erfordert unbedingt umfangreiche fremdsprachliche und fachliche Kompetenz.

Abb. Akkreditiveröffnung

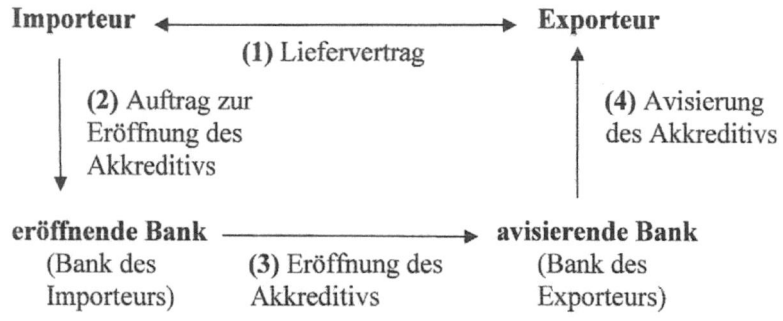

Abb. Dokumentenfluss und Zahlung

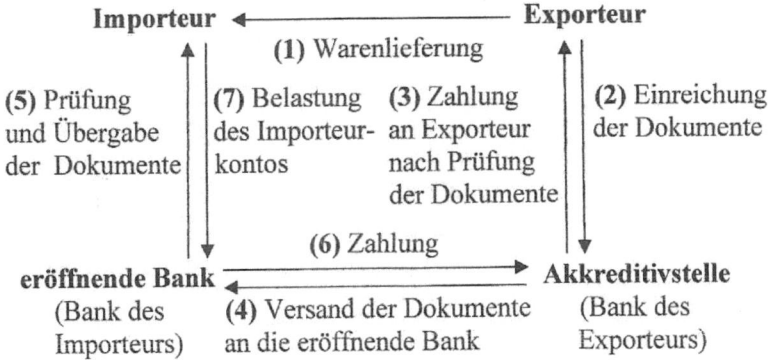

Der Studierende muss also lernen, sich fachlich in der gewählten Fremdsprache auszudrücken, sonst kann er keine eigenverantwortliche Handelskorrespondenz betreiben oder ein komplexes Zahlungsverfahren wie ein Akkreditiv betreuen. Gerade Akkreditive erfordern ein hohes Maß an Verantwortung, die ohne fachlichen Hintergrund nicht geleistet werden kann.

Es ist die Aufgabe des Lehrers, Studierende mit sprachlicher Schulung und fachlicher Grundlagenvermittlung dazu zu befähigen. Es geht nur mit beidem!

Da praktische Erfahrungen für einen Lernprozess wichtig sind, empfehle ich meinen Studenten, sich unter Umständen freiwillig um ein Praktikum in einem international operierenden Unternehmen zu bemühen. Hilfreich für die Suche ist auch das „Directory of German Companies", das die deutsche Außenhandelskammer (AHK) in Taipei herausgibt.

Studenten, die zur Finanzierung ihres Studiums auf Jobsuche sind, rate ich, sich auf Jobs in den Büros von Handelsfirmen zu konzentrieren. Selbst einfache Tätigkeiten vermitteln erste Eindrücke und sind immer auch eine Chance auf mehr.

Fazit

Kenntnisse der Grundlagen des internationalen Handels sind notwendig für inhaltlich korrekte Geschäftsbriefe. Eine Handelskorrespondenz, die sich auf das Zusammenstellen von Texten aus themenspezifischen Textbausteinen beschränkt, ist unzureichend. Das gilt insbesondere, wenn es um viel Geld und Rechtsverbindlichkeit geht. Handelskorrespondenz muss entweder zusammen oder separat im Vorfeld mit dem Grundwissen zum internationalen Handel unterrichtet werden.

Lehrwerkverzeichnis:

Eismann, Volker (2010): Training berufliche Kommunikation: B1/B2 – Erfolgreich in der geschäftlichen Korrespondenz: Kursbuch. Berlin, Cornelsen.

Hering, Axel/Mattusek, Magdalena (2007): Geschäftskommunikation – Besser schreiben, Kursbuch. Stuttgart, Klett Verlag.

Olfert, Klaus (2005): Kompakt-Training Praktische Betriebswirtschaft Außenhandel: Kiehl (NWB Verlag).

Olfert, Klaus (2010): Kompendium der praktischen Betriebswirtschaft Außenhandel: Kiehl (NWB) Verlag.

Sachs, Rudolf (2001): Deutsche Handelskorrespondenz – Neu: Der Schriftwechsel im Import und Export. Ismaning, Hueber Verlag.

Wergen, Josef (2010): Bürokommunikation Deutsch: Stuttgart, PONS GmbH.

Über die Autorinnen und Autoren der Beiträge:

Chen, Lina

Magister- und Promotionsstudium im Fach Deutsch als Fremdsprache an der Katholischen Universität Eichstätt-Ingolstadt/ Lehrtätigkeit als Chinesisch-Dozentin an der Katholischen Universität Eichstätt-Ingolstadt/ Berufstätigkeit als Auslandskorrespondentin in Taiwan/ seit 2009 Lehrtätigkeit als Assistant Professor an der Wenzao Ursuline University of Languages in Kaohsiung (Taiwan).

陳麗娜 碩士、博士學位取得於德國艾希斯特-因戈爾施塔特天主教大學（主修德語教學）。曾教授中文於德國艾希斯特-因戈爾施塔特天主教大學。曾在台灣企業擔任外銷業務。自 2009 年起為高雄文藻外語大學德文系助理教授。

Holger Hähle

Jahrgang 1963/ aufgewachsen im Emsland/ Studium der Naturwissenschaften und BWL in Münster und Braunschweig/ Berufstätigkeiten in den Bereichen Forschung & Entwicklung beim Helmholtz-Zentrum für Infektionsforschung und in Vertrieb und Marketing bei der Merck KGaA/ seit 2011 Lehrtätigkeit an der Wenzao Ursuline University of Languages in Kaohsiung (Taiwan).

何浩哲 生於 1963 年，成長於德國下薩克森州西部的埃姆斯蘭縣。分別在德國明斯特大學及布朗斯威克理工大學研習並獲得自然科學（生物學系，主修生化）及企管系的碩士學位。曾在生物科技研究中心（德國/布朗斯威克）從事研發工作，以及德國知名化工製藥公司默克集團從事行銷及市場營銷工作。自 2011 年起在高雄文藻外語大學德文系擔任兼任講師。

Hsin-yi Hsueh

ist Assistant Professorin an der Wenzao Ursuline University of Languages in Kaohsiung, Taiwan. Sie unterrichtet dort an der Deutschabteilung neben DaF-Sprachkursen auch fachsprachliche Kurse. Ihr Forschungsschwerpunkt liegt im Bereich vergleichender Erziehungswissenschaften, im Besonderen interessiert sie sich für die Entwicklung des Hochschulsektors in Deutschland. Ihre Forschungsprojekte wurden bereits zweimal von Taiwans Ministry of Science and Technology (MOST) finanziert. Hsin-yi Hsueh veröffentlichte Beiträge in Fachzeitschriften und auf nationalen und internationalen Symposien. Von 2018 bis 2019 war sie in der F&E-Abteilung der Wenzao-Universität zuständig für die Etablierung von Forschungsprojekten. Seit August 2019 ist sie dort Beauftragte für den internationalen akademischen Austausch.

薛欣怡 博士現任職於文藻外語大學德文系助理教授，教授德語語言課程及專業課程。她的研究領域為比較教育，且特別關注德國高等教育的發展，曾兩次榮獲科技部研究計畫補助，並持續在專業期刊與國際研討會上發表研究論文。於 2018 至 2019 年間更服務於文藻外語大學研究發展處，並擔任學術發展組組長一職。自 2019 年起負責德國語文系國際學術交流項目。

Armin Ibitz

ist Associate Professor an der Wenzao Ursuline University of Languages in Kaohsiung, Taiwan. Dort unterrichtet er sowohl Kurse im Master-Studiengang für Europastudien als auch Wirtschaftskurse an der Deutschabteilung. Von 2009 bis 2019 war er Stellvertretender Leiter des Goethe-Prüfungszentrums der Wenzao-Universität. Seit August 2019 ist er Direktor des EU-Zentrums der Wenzao-Universität. Er hat zahlreiche Beiträge in internationalen Fachzeitschriften in den Bereichen internationale

Umweltpolitik, Umweltökonomie, Europastudien aber auch zu Deutsch als Fremdsprache veröffentlicht. Im Bereich DaF interessiert er sich insbesondere für die Stärkung beruflicher Fertigkeiten und die Entwicklung berufsbezogener Kompetenzen. Im Herbst 2018 erschien sein Buch über die Entwicklung von Umweltkompetenz an Hochschulen.

華明儀 現任職於台灣高雄文藻外語大學歐洲研究所副教授，亦負責教授德國語文系的經濟課程。他於 2009 至 2019 年間，擔任文藻外語大學歌德學院德文檢定中心副主任。自 2019 年 8 月起，更擔任文藻外語大學歐盟園區主任。他已於國際專業期刊發表許多篇論文，領域涵蓋國際環境政策、環境經濟、歐洲研究與德語教學。在德語教學領域，他特別關注專業能力的加強與職業相關技能的發展，並於 2018 年秋季出版了大學環境能力的發展一書。

André Sven Maertens

wurde an der Albert-Ludwigs-Universität Freiburg mit einer Arbeit zu Möglichkeiten kriegskritischen Schreibens in der Frontliteratur Gert Ledigs promoviert und ist Assistant Professor am Seminar für Deutsch als Fremdsprache der Wenzao Ursuline University of Languages (Kaohsiung, Taiwan). Er forscht zu Kriegsliteratur und deutscher Sozialgeschichte des 20. Jahrhunderts und ist Herausgeber der Reihe „Zeichnen und Erzählen". Beim Thema Wirtschaftsdeutsch interessiert ihn vor allem, wie ein heutiger Fremdsprachenunterricht in Taiwan didaktisch gestaltet sein muss, um die Studierenden sinnvoll für ihre zukünftige Berufstätigkeit auszubilden.

梅安德 任職於台灣高雄文藻外語大學德文系助理教授，博士論文(德國弗萊堡大學)研究作家傑特・雷帝西(Gert Ledig)的前線文學、探討文學中對戰爭的批判，研究領域為戰爭文學及20世紀德國社會史，亦為「繪畫與敘述」叢書的編者。他期待此書能結合經濟主題與台灣的德語課程設計、讓學生在進入職場前能習得相關領域的知識。

Ingo Tamm

Jahrgang 1961, Assistant Professor an der Deutschabteilung der Wenzao Ursuline University of Languages in Kaohsiung/Taiwan, studierte Geschichte und Politikwissenschaft an der Universität Hannover. 1992 erfolgte die Promotion im Fach Geschichte. Seit 2003 arbeitet er als Dozent an der Deutschabteilung des Wenzao Ursuline College of Languages in Taiwan. Zu seinen Unterrichts- und Forschungsschwerpunkten gehören Motivation von DaF-Lernern, Theaterpädagogik im DaF-Bereich und nicht zuletzt auch Wirtschaftsdeutsch. Neben mehrjähriger Erfahrung mit berufsorientiertem DaF-Unterricht hat er im Studienjahr 2003/2004 zusammen mit Armin Ibitz ein Curriculum für berufs-bezogenes Deutsch für das damals neu gegründete vierjährige College der Wenzao-Fremdsprachenuniversität entwickelt, das er im Oktober 2004 zusammen mit Manuel Feder auf der „1st Annual Conference of Cross Strait Institutes of Foreign Languages and Multimedia Teaching Seminar" vorgestellt und wissenschaftlich erörtert hat. Im Mai 2005 konnten die Ergeb-nisse des Projekts unter dem Titel „Teaching Business German at Wenzao Ursuline College – Teaching Methods and Curricu-lum" in der Zeitschrift „Languages, Literary Studies and International Studies" veröffentlicht werden.

唐英格，1961 年生，台灣高雄文藻外語大學德語系助理教授，曾就讀於漢諾威大學歷史和政治學系，並於 1992 年獲得歷史博士學位。自 2003 年以來任教於文藻德語系。教學與研究主題包括 DaF 學生學習動機、DaF 的戲劇教育，以及商業德語等。在多年的職業導向 DaF 教學中，經歷包括，2003/2004 學年與 Armin Ibitz (華明儀) 老師共同為文藻德語系新成立的四年制大學發展出職業取向的課程。其內容並於 2004 年 10 月第一屆海峽兩岸外語教學研討會與 Manuel Feder (飛德瑞) 一起提出並進行學術性討論。 2005 年 5 月該項計劃結果發表於「語文與國際研究」期刊,標題為「文藻外語學院的商用德語教學－教學方法及課程」

Tseng, Wei-Lin

Jahrgang 1963/ aufgewachsen in Kaohsiung (Taiwan)/ Studium der Germanistik (BA) in Taipei/ Studium der Psychologie (MSc) in Münster und Braunschweig/ geprüfte Bilanzbuchhalterin bei der IHK-Düsseldorf/ Berufstätigkeiten in Deutschland u. a. bei der Mustek Optic-Computer GmbH in Neuss und der Deutschen Immobilien Leasing GmbH in Düsseldorf/ Lehrtätigkeit seit 2011 an der Wenzao Ursuline University of Languages in Kaohsiung (Taiwan).

曾薇琳 生於 1963 年,成長於台灣高雄。畢業於淡江大學德文系,隨後負笈德國,分別在德國明斯特大學及布朗斯威克理工大學心理學系研習並獲得心理學碩士學位。在德完成學位後,進入當地職場,曾在鴻友科技股份有限公司德國分公司 (位於德國北萊茵－西發利亞邦諾伊斯市) 及德國不動產租貸股份有限公司 (德意志銀行子公司/德國杜賽道夫市) 擔任財務工作,並於在職期間完成三年的會計師職業教育訓練,並通過德國工商會主辦的國家檢定會計師考試。自 2011 年起,在高雄文藻外語大學德文系擔任兼任講師。

About this book:

Business German in Foreign Language Instruction
How is competence to be taught in professional language instruction? The contributions from German language instructors in Taiwan collected in this volume exhibit various approaches to competence training derived from practical relevance. Methodically, role plays and simulations are in the foreground. The lecturers' concrete professional experiences as former employees in international trade and marketing, among other things, serve as a professional foundation. The application-oriented concepts provide a valuable basis for the development of vocational curricula – also in reference to new challenges to the economy and higher education due to Industry 4.0.